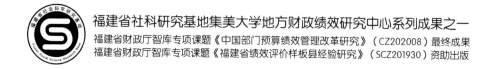

福建省社科研究基地集美大学地方财政绩效研究中心系列成果之一

福建省财政厅智库专项课题《中国部门预算绩效管理改革研究》（CZ202008）最终成果

福建省财政厅智库专项课题《福建省绩效评价样板县经验研究》（SCZ201930）资助出版

胡志勇 等 编著

中国部门预算绩效管理改革研究

ZHONGGUO BUMEN YUSUAN JIXIAO
GUANLI GAIGE YANJIU

中国财经出版传媒集团

经济科学出版社
Economic Science Press

图书在版编目（CIP）数据

中国部门预算绩效管理改革研究/胡志勇等编著．
－－北京：经济科学出版社，2021.6
ISBN 978－7－5218－2618－0

Ⅰ.①中… Ⅱ.①胡… Ⅲ.①部门经济-预算-经济
绩效-财政管理-研究-中国 Ⅳ.①F812.3

中国版本图书馆 CIP 数据核字（2021）第 113251 号

责任编辑：杜　鹏　胡真子
责任校对：李　建
责任印制：王世伟

中国部门预算绩效管理改革研究

胡志勇　等 编著

经济科学出版社出版、发行　新华书店经销
社址：北京市海淀区阜成路甲 28 号　邮编：100142
编辑部电话：010-88191441　发行部电话：010-88191522
网址：www.esp.com.cn
电子邮箱：esp_bj@163.com
天猫网店：经济科学出版社旗舰店
网址：http://jjkxcbs.tmall.com
固安华明印业有限公司印装
710×1000　16 开　13.25 印张　220 000 字
2021 年 8 月第 1 版　2021 年 8 月第 1 次印刷
ISBN 978－7－5218－2618－0　定价：69.00 元
（图书出现印装问题，本社负责调换。电话：010-88191510）
（版权所有　侵权必究　打击盗版　举报热线：010-88191661
QQ：2242791300　营销中心电话：010-88191537
电子邮箱：dbts@esp.com.cn）

前　言

2018 年 9 月中共中央、国务院印发《关于全面实施预算绩效管理的意见》（以下简称《意见》）。《意见》提出，用 3~5 年基本建成全方位、全过程、全覆盖的预算绩效管理体系。三年多来，我国预算绩效管理改革取得较大进展，特别是项目支出预算绩效管理方面成绩显著。一些地方政府财政部门也积极探索部门整体预算绩效管理和政府预算绩效管理，但总体上看，这两个层面的预算绩效管理在理论和实践经验上还是非常欠缺。基于此，2020 年集美大学地方财政绩效中心（福建省财政厅智库）在福建省财政厅的大力支持下组织有丰富实践经验的成员研究"中国部门预算绩效管理改革"。经过一年多的辛苦奋斗，2021 年仲夏汇聚各成员研究成果的《中国部门预算绩效管理改革研究》终于面世。

本书由集美大学地方财政研究中心副主任胡志勇教授负责大纲设计，组织成员撰写及校对书稿。本书共十章，每章具体内容和分工如下：第一章绪论，胡志勇教授和黄亮讲师撰写；第二章部门预算绩效管理的基本概念和理论基础，胡志勇教授撰写；第三章部门预算绩效管理主体，汤岩副教授撰写；第四章中国部门预算绩效管理的历史、现状与困难，陈莹讲师撰写；第五章部门预算绩效管理的国际比较及其借鉴，陈旻副教授撰写；第六章部门预算绩效管理与部门绩效管理的协同改革，魏洁副教授、王平副教授和李治国讲师撰写；第七章政府预算绩效管理与政府会计改革的协同性，王泽彩研究员和胡志勇教授撰写；第八章部门预算绩效管理与公共财政支出结构优化，施锦明副教授撰写；第九章预算绩效指标体系构建的标准及其应用，胡志勇教授和王泽彩研究员撰写；第十章部门预算绩效评价，徐章容讲师撰写。

本书是研究中心成员结合实践经验对部门预算绩效管理的理论和实践进行探索得到的成果，笔者自然是希望它有益于中国部门预算绩效管理改革，然而，由于各种条件的限制，研究成果存在许多不尽如人意的地方，比如章节之间的连贯性不够、部分内容出现重复、制度设计内容偏少等问题。因此，"抛砖引玉"是本书出版的主要目的。书中若有疏漏之处，欢迎读者批评指正！诚然，文责自负！最后，感谢经济科学出版社杜鹏编辑的大力支持！

作者

2021 年 5 月

目　录

第一章　绪论

一、研究背景和意义

党的十八届三中全会通过的《关于全面深化改革若干重大问题的决定》提到，要推进国家治理体系和治理能力现代化，推进政府职能转变和法制中国建设。财政是国家治理的基础，建立现代财政制度是推进国家治理体系和治理能力现代化建设的关键。而预算绩效管理改革是现代财政制度建设的重要内容。我国预算绩效管理始于 2003 年，2003 年党的十六届三中全会提出要"建立预算绩效评价体系"，2004 年财政部经济建设司选择海洋局进行部门绩效考评试点工作，此后各地进行预算绩效管理改革的探索工作。2018 年9 月中共中央、国务院印发《关于全面实施预算绩效管理的意见》，我国预算绩效管理进入"全方位、全过程、全覆盖"改革阶段。在"全方位"改革中，项目和政策预算绩效管理取得较好成绩，2019 年财政部制定并实施《项目支出绩效评价管理办法》。《项目支出绩效评价管理办法》规范了项目与政策的预算绩效管理，从而为部门单位预算绩效管理的实施夯实了基础。部门单位预算绩效管理成为下一步"全方位"改革的重点。

部门单位预算绩效管理中各个参与主体的责任、与部门绩效管理如何协同改革、与政府会计制度如何协同改革、部门预算绩效管理如何优化财政支出结构以及部门预算绩效的评价方法、指标体系设计、评价流程、评价报告范式与评价报告的应用等问题迫切需要进行系统的解答。然而，由于我国预算绩效管理始于预算绩效评价，"全过程"预算绩效管理缺乏足够的理论研究。理论的贫乏将阻碍部门预算绩效管理的改革步伐。本书的研究希冀在部门预算绩效管理的理论成果方面做有益补充。本书的研究成员都曾参与大量的预算绩效课题调研，我们有理由相信，本书的研究结果对实际工作有一定的指导和借鉴意义。

二、文献综述

（一）国外学者研究现状

国外学者对政府预算绩效的关注始于 19 世纪，在新公共管理改革的浪潮中，绩效评价的理论研究与方法体系趋于成熟，西方各国政府部门预算绩效评价体系逐步完善。

1. 对基本理论的探讨。哈特里（Hatry，1997）认为，预算绩效不仅要关注结果的客观性，也应重点关注资源分配和政府政策实施结果的融合性。卢宾（Irene Rubin，2006）认为，传统模式下的部门预算绩效评价有三个主要目标：一是防止浪费、欺骗以及滥用职权；二是适应总收入的变化或者适应发生在整个财政年度的可能支出要求；三是确保公共项目资金的预算支出合乎法律。但传统预算制度发展至今，实现以上目标的控制力显得越发有限，如何使预算制度更加开放、过程更加灵活、结果更加有效，是预算项目支出绩效评价制度改革的主要方向。

2. 对绩效评价制度体系的研究。为了使绩效评价工作顺利进行，西方国家普遍为绩效评价立法，从而确立了绩效评价工作的权威性。这些法律最典型的如美国的《政府绩效与成果法案》、加拿大的《政府绩效评价政策和标准》、澳大利亚的《公共服务评价战略》等。乔纳森·布勒尔等（Jonathan Breul et al.，2008）系统分析了美国的《政府绩效与成果法案》，认为绩效预算可以将资源分配的争议焦点从投入转化到结果和产出，系统地使用战略规划、绩效计划、预算和财务信息对于建立一个以结果为导向、负责的联邦政府是十分重要的。

3. 对绩效评价方法和指标体系的探索。在评价方法方面，西方国家普遍采用了模糊数学法、层次分析法、德尔菲法等现代分析方法，以使项目支出绩效评价的结果科学可信。菲茨杰拉德（Fitzgerald，1991）提出了政府绩效六维度模型，该模型包括决定因素和结果因素两个层次，决定因素包含质量、灵活性、资源利用和创新，结果因素包括效益和财务。弗雷德·汤普森（Fred ThomPson，1994）认为，衡量预算项目支出绩效，是通过对真实成本与标准成本差异的衡量来完成的。他采用成本计量方法，论述了政府预算项目支出与绩效之间的关系。凯莉和雷文巴尔（Janet. M. Kelly and Wiiliam. C. Rivenbark，2003）尝试将平衡计分卡的方法应用于政府预算绩效指标体系的设计中。美国联邦政府于 2004 年系统地引入了项目评估分级方法（program assessment rating tool，PART），依据该方法构建了完善的指标体系，最终为项目成果的客观评价建立了框架。谢弗（Schaeffer，2003）提出了全面衡量部门预算的指标体系框架，关键词为投入、产出和效益，这与"3E"理论的框架非常类似。沙安文（2008）认为，反映大型机构的预算评价指标需关注以下九个方面的内容：费用（投入的初始资源）、输出（政府服务的质量）、影响（管理的目标）、业绩（衡量指标实现的情况）、冲击（找到受益人和受损失的人）、生产力（生产的输出能力）、效率（单位效能）、满足度（服务对象对服务的评级处理）、质量（服务的衡量标准）。

（二）国内学者研究现状

国内学者针对部门预算绩效管理的研究相对较晚，这与我国财政体制改革、公共财政建设、经济社会发展的进程有关。近年来，随着我国公共财政项目建设不断深入，各项实质性的财政改革逐步展开，特别是针对改革过程中出现的新老问题，国内学者进一步探寻符合我国国情的政府预算绩效管理制度。

1. 对国外经验的总结。施珺（2007）从绩效评价的组织实施、评价的对象和内容、评价结果的应用几个方面详细介绍了西方发达国家在预算绩效考评方面的实践，并思考了我国部门预算项目支出绩效评价制度建设的改进。聂常虹（2012）对美国部门预算绩效评价理论与实践进行了系统的介绍，总结了其推行预算绩效评价的方式及其取得的成就，提出加强绩效考评的组织管理和部门协调、将绩效考评与政府预算有机地联系起来、建立和完善绩效考评的技术支撑系统、积极培育和完善社会中介组织等建议。牛美丽（2006）对新西兰等国家的预算改革体制进行了研究，新西兰的预算绩效管理改革开展得较为彻底，对几乎所有政府管理领域都带来了根本性的改变。

从其改革过程中，我们可以更加清晰地认识到开展绩效导向的预算管理制度改革所应具备的各种必要条件。张志超和丁宏（2007）以美国联邦政府的社会保障管理局为例，分析该部门预算绩效评价的实际情况，同时，针对值得我国效法之处，提出完善我国政府绩效评价的指标体系、建立绩效预算制度、加强绩效预算中的公民参与等政策建议。朱春奎（2008）总结了美国政府部门预算绩效评价体系的实施进展状况，分析影响战略目标的相关因素，进而对我国体制下的改革方向提出思路。张晓岚和吴勋（2007）全面回顾了美国政府预算管理改革的路径，分析了我国目前构建的预算绩效评价体系和未来的改革框架，提出了"控制核心、绩效导向"的预算功能取向。吴永立（2012）对比了美国、英国、澳大利亚、新西兰等经济合作与发展组织（Organisation of Economic Co-operation and Development，OECD）国家绩效预算的特征，对这些国家的绩效预算经验进行总结，并进一步指出了我国推行绩效预算管理的对策。

2. 对基本理论的探讨。

（1）关于部门预算。张馨、袁星候和王玮（2001）针对我国政府部门预算制度建立的原因、理论基础、制度特点以及相关的改革内容进行了深入的分析后，认为目前我国部门预算改革仍存在诸多矛盾，例如，零基预算与法定支出项目、公共支出标准确定之间的矛盾，以及专项资金与专项项目安排的先后顺序、部门机构改革滞后、现有各部门预算分配权的调整等问题。贾康和苏明（2004）在分析了近年来我国政府部门预算改革方面的成效后，指出存在的问题，如针对专项支出预算编制的评审不够完善、公众在预算编制中的参与度太低、支出项目界限标准模糊以及执行结果缺乏有效评估等，最后提出了建立公共管理部门的绩效考核制度等改革措施。刘尚希和史兴旺（2004）在深入剖析部门预算改革对我国经济、政治、管理等方面产生的重大影响的基础上，从理论高度提出建立部门预算制度具有规范部门间财政关系等多方面的优势，是使政府的财政活动具有公开性、透明性和完整性的制度载体，在实践中，要真正实现部门间财政关系的规范化，则要依赖于预算的编制、审议、执行、监督等，使部门预算发挥最大的作用。顾群（2005）提出我国部门预算管理制度改革的指导思想：通过部门预算管理制度改革，逐步建立起适应社会主义市场经济体制要求的财政预算管理体制；通过部门预算管理制度改革，把预算管理水平提高到一定的高度，提升预算管理的法制化程度，增强预算透明度，以实现预算管理公开、公正、公平的基本要求。

（2）关于部门预算绩效管理。孙克竞（2008）认为，预算绩效管理理念已经得到各级财政和公共部门的广泛认同，部门预算支出绩效评价体系初步建立，部门预算监督也得到加强，但仍未实现我国政府预算绩效管理制度的根本变革，应逐步建立起以预算产出与结果为核心，以部门预算及其项目支出为切入点，包括部门预算编制、支出评价、组织监督等内容在内的全面系统的部门预算绩效管理制度体系。刘宇（2009）认为，我国部门预算仅仅在项目支出预算中初步引入了绩效评价机制，无法对整个部门预算进行绩效评估、衡量和优化，也就无法对财政支出总量、支出结构和支出方式进行更深入、更系统的调整；在部门预算中建立有效的绩效评价机制，需要从整体着眼，从现实出发，设计以总量、定额、绩效标准为核心，全面整合部门预算和预算绩效评价的配套机制，使整个预算分配过程都受到绩效评价机制的制约，全面提升预算支出管理水平。杨玉霞（2011）全面概括了政府部门预算的基础理论，分析了政府部门预算改革存在的问题，提出预算绩效评价的观点，阐述了对预算改革未来方向的期望。孙克竞（2012）指出，预算绩效观是必然趋势。政府部门要高度重视部门预算的绩效管理，这是在制度层面的一种革新和突破，要求政府高层决策者深入思考如何开展财政资金部门预算的革新，达到财政资金使用公正性和效益性的统一。李杰刚（2012）认为，在制度设计上，各部门支出预算安排都要有相应的绩效目标要求，预算执行完毕后要进行产出、成果以及成本等方面的绩效评价，评价的结果要向代议机构报告并向社会公开，同时作为下一年度编制预算的参考。王泽彩（2014）提出了"预算约束、优化结构、政策激励、购买服务、绩效考评"等具体措施，强化预算绩效管理。曹堂哲（2019）指出，实施部门预算绩效管理具有制度红利，针对现阶段存在的问题，根本出路是完善系统集成、协同高效的部门预算绩效管理制度体系，赋予部门更多的自主权，探索更加灵活的结余管理机制，探索"以绩效换自由"的实施机制，激发部门绩效管理的积极性和主动性。

3. 对部门预算绩效评价指标体系的研究。苑英娥（2005）认为，在设计部门预算绩效评价指标时，要遵循客观、全面、适用和有效的原则，绩效考评内容不能超出支出管理者能够控制的范围。绩效评价指标的建立应从公共服务的购买者（纳税人）或接受者的角度考虑，对政府部门的产出效果需要在数理分析的基础上探讨更为有效的综合评价方法，将用描述性语言进行评价的内容转化为用定量的指标进行量化，将不同部门的产出成本加权换算成可比较的标准成本进行绩效评价。刘炳南和章苗红（2008）认为，构建完善的绩效考评体系是有效开展部门预算支出绩效考评工作的基础，并从部门预算支出绩效考评体系的构建背景、环境要素、指标分类、方式方法等方面对绩效考评体系进行了剖析。吴勋和张晓岚（2008）基于对部门预算改革政策基调的梳理，提出了面向绩效预算的预算绩效评价视角，全面整合绩效目标与预算管理流程，初步规划了基层单位预算绩效评价指标体系。方振邦和罗海元（2008）探讨了政府部门绩效指标体系的设计研究思路和模式，以具体案例尝试构建基于平衡计分卡的绩效评价体系，对我国政府部门绩效管理与考核创新具有积极的指导和借鉴意义。刘国永（2014）提出了科学构建部门绩效指标体系的具体方法，包括指标体系的结构、指标筛选、评价标准与权重的设置。2018 年广东省财政厅研究制定了《广东省财政预算绩效指标库》，共计收录 20 个行业大类、52 个子类、277 个资金用途、2589 个绩效指标，形成相对完整的指标体系，为全面实施绩效管理提供了强有力的基础依据。其亮点是从定性信息向定量数据转变，从财政部门自建自用向各级各部门共建共享转变，从静态编制向动态管理转变，从单向使用向综合应用转变，从绩效依靠"人为判断"向"数字应用"转变。白景明等（2018）介绍了广东、上海、北京的预算绩效管理改革实践，指出我国已经建立项目、部门以及财政预算绩效指标体系，但都是共性指标，未来要逐步形成涵盖各项支出的绩效评价指标体系，尝试建立指标库，满足绩效预算编制、执行监控、监督评价等环节的需求，保证绩效信息的一致性和有效性。马海涛、曹堂哲和王红梅（2020）认为，部门整体绩效评价的重点包括运行成本、管理效率、履职职能、社会效应、可持续发展、服务对象满意度六个方面，并提出了部门整体绩效评价的共性指标。

4. 对具体部门预算绩效评价的探索。财政部于 2011 年编写的《财政支出绩效评价管理暂行办法》结合了我国政府部门预算改革的实践，对部门预算项目支出绩效评价的对象与内容、目标与指标体系、标准与方法体系等问题做出了相关规定。很多国内学者针对不同部门预算项目支出进行了绩效考评的探索。王丽萍、郭岚和张勇（2008）选取高校为评价对象，将因子分析和组合的评价方法运用到绩效预算管理方法中并举实例进行分析。黄溶冰和陈耿（2013）针对环保部门节能减排项目进行了预算项目支出绩效评价研究。欧阳昭（2014）对畜牧水产部门支出绩效评价的指标设计进行了探讨。张正凯（2015）结合层次分析法研究了高速公路部门的预算绩效评价问题。马海涛、曹堂哲和王红梅（2020）研究了林业部门整体支出的评价体系、评价标准、评价结果。

（三）国内外研究评述

综上，国内外学者对部门预算支出绩效管理进行了不同层面和角度的研究。国外学者阐述了部门预算绩效的基本内容，包括政府部门预算绩效的内涵、部门预算绩效的原理、部门预算绩效评价指标体系的探索、部门预算支出绩效评价的可操作性等。国内学者的研究集中在三个方面：一是从国外研究经验的角度出发，根据国外的经验和教训研究我国预算绩效管理发展中应该注意的问题，并据此提出一些有效的建议；二是在宏观层面上对财政支出绩效管理框架和制度进行探讨；三是在微观层面上对具体部门预算绩效评价指标体系的探索。但是，关于部门预算绩效管理改革方面的研究还集中在部门预算编制不尽科学、部门预算执行缺乏法律约束力、对部门预算绩效概念的理解还不够深刻、部门预算监督制度不够有成效、部门绩效评价指标体系不够完善等方面，缺乏系统性部门预算绩效管理改革的理论体系和实践探讨。

三、研究内容、研究方法与创新点

本书的研究内容包括基本概念与应用理论、部门预算绩效管理主体、我国部门预算绩效管理实施现状与困难、国外部门预算绩效管理经验借鉴、部门预算绩效管理与部门绩效管理协同改革、部门预算绩效管理与政府会计的协同改革、部门预算绩效管理与公共财政支出结构优化、部门预算绩效评价、部门预算绩效管理指标体系案例、部门预算绩效管理改革建议。

本书的研究方法有文献法、实证分析法、比较研究法等。目前国内对部门预算绩效管理的研究不够深入，研究成果在指导部门单位实践方面还很不够。本书探讨部门预算绩效管理与部门绩效管理、政府会计、公共财政支出结构优化之间的关系，丰富了部门预算绩效管理的研究成果，希冀研究成果有助于促进部门预算绩效管理与部门绩效管理、政府会计的协同改革。本书还专门研究部门预算绩效评价，尝试在评价方法、指标体系、评价流程、评价报告范式等方面做出有益的、建设性的探索。

第二章　部门预算绩效管理的基本概念和理论基础

预算绩效管理属于政府绩效管理的一个部分，政府绩效管理涉及人、财、物三者绩效的管理，而预算绩效管理侧重于财的绩效管理。预算绩效"全方位"管理包括项目和政策、部门单位和政府三个层次预算绩效管理。部门预算绩效管理与部门绩效管理的关系类似于预算绩效管理与政府绩效管理的关系。部门预算绩效管理侧重于部门单位"财"的绩效管理，因此，部门预算绩效管理要接受公共财政理论的指导，同时也要接受公共管理、政府会计与管理会计理论的指导。

一、几个基本概念辨析

国外的绩效预算经历过传统预算模式绩效预算和新绩效预算两个阶段，传统预算模式指的是控制取向的预算，它体现的特征是预算的全面性、一致性、准确性、年度性、严格性等。传统预算模式下的绩效预算改革效果很有限，以美国为例，从 1921 年美国通过《公共预算与会计法案》开始直至 1986 年，传统预算模式下的绩效预算先后经历"分项排列预算""规划—项目公共预算""企业化公共预算""零基预算""自上而下地控制赤字公共预算"，这些绩效预算所获得的成效都很一般，从 1990 年开始，美国绩效预算走向"效果导向公共预算"。[①] 美国数次的预算绩效管理改革还可以根据改革目标分为以下五个阶段：追求效率，以好政府为目标的阶段（1920～1940 年）；以控制预算开支为目标的阶段（1940～1970 年）；以效率和效益为目标的阶段（1970～1980 年）；以精简政府为目标的阶段（1980～1992 年）；以

---

① 胡志勇. 论中国政府会计改革［M］. 北京：经济科学出版社，2010：118－119.

重塑政府为目标的阶段（1992 至今）。① 从国外经历看，不同时期预算绩效管理有不同的内涵和外延。

1. 预算绩效管理与部门单位预算绩效管理。根据中共中央、国务院 2018 年 9 月发布的《关于全面实施预算绩效管理的意见》指出，我国推行预算绩效管理强调"结果导向"，但实际上我国预算还属于"控制取向"预算，而非"结果导向"预算。据此，本书将我国预算绩效管理定义为：在传统控制取向预算模式下由财政部门主导的，根据财政部门制度和相应法律规章要求，强调"结果导向"，根据"4E"理念设计绩效目标，对财政资金按照一定流程实施"全过程""全方位""全覆盖"的绩效管理②。2003 年，党的十六届三中全会提出要"建立预算绩效评价体系"，而后"预算绩效评价"发展到"预算绩效管理"，"预算绩效管理"称呼与"财政绩效管理"称呼实质上是一致的。我国预算绩效管理是"全方位"的改革，包括项目和决策预算绩效管理、部门单位预算绩效管理和政府预算绩效管理。部门单位预算绩效管理是指部门单位根据财政部门制度和相应法律规章要求，依据"4E"理念设置绩效目标，对财政资金实施"全过程"的绩效管理。与国外主要对"财政支出"进行绩效管理不同，我国预算绩效管理不仅对财政支出进行绩效管理，同时也对财政收入进行绩效管理。《关于全面实施预算绩效管理的意见》提出要"建立一般公共预算绩效管理体系"，规定"收入方面，要重点关注收入结构、征收效率和优惠政策实施效果"。本书认为，我国应对四部预算的收入进行相应的预算绩效管理。

2. 部门单位预算绩效管理与部门单位绩效管理。部门单位预算绩效管理是财政部门主导的，根据财政部门制度和相应法律规章的要求，强调"结果导向"，依据"4E"理念设置绩效目标，按照一定程序，对财政资金实施"全过程"的绩效管理活动。部门单位预算绩效管理的参与主体有财政部门、部门和单位、第三方机构等。部门绩效管理是在部门和单位管理会计框架内，围绕部门和单位战略管理与年度计划，依据部门和单位内部制度，包括预算

---

① 梁新潮，施锦明．地方财政绩效管理理论与实践［M］．北京：经济科学出版社，2017：58－60．

② 《中华人民共和国预算法实施条例》第20条规定，预算绩效评价是指根据设定的绩效目标，依据规范的程序，对预算资金的投入、使用过程、产出与效果进行系统和客观的评价。

编制制度、政府单位财务会计、成本核算与管理制度、内部控制制度等，对各个科室和人员进行绩效考核、评比、激励的管理活动。部门单位绩效管理是部门和单位内部的管理活动，主要是侧重于部门和单位人、财、物三者效率和效益的管理，管理的目的主要有实现部门和单位领导的"受托责任解脱"、服务于部门和单位的"预测与决策"、对部门和单位的职员进行奖惩等。目前，我国部门单位的政府单位财务会计制度已经较为完善，内部控制制度也完成了基本建设，预算编制制度有待进一步完善，成本会计核算与管理还在研究阶段，绩效管理制度还空缺。若缺乏部门绩效管理制度，部门单位预算绩效管理所面临的"信息不对称"问题就无法得到很好的解决，部门单位"被绩效"的现象还将继续存在。因此，政府治理体系和治理能力现代化建设应加快步伐，当部门单位绩效管理的改革完成后，部门单位预算绩效管理的成效将被大大提高。

3. 部门单位预算绩效评价和部门单位绩效评价。从"全过程"视角看，评价属于绩效管理的事后环节。部门单位预算绩效评价是按照一定流程，根据相应法律规章制度，对部门单位财政资金的投入（决策）、预算执行过程、产出和效果，比照事前设置的绩效目标进行分析，总结成绩，寻找问题，提出预算调整建议的行为。部门单位预算绩效评价形式有部门单位自评和外部评价，外部评价可能是由财政部门或上级主管部门组织。自评和外部评价可采用政府购买服务方式，可委托第三方机构进行。部门单位预算绩效评价报告主要是提供给外部主体使用，比如主管部门、财政部门、审计部门以及社会。部门单位绩效评价是将事前制定的绩效目标与事后结果对比进行评价，发现问题并分析问题原因，根据评价结果给予科室和职员相应奖惩的行为。部门单位绩效评价由部门单位内部的专门机构进行。部门单位绩效评价报告主要是提供给内部用于决策、考核和奖惩使用的。

二、理论基础

预算绩效管理是侧重于政府财政资金的绩效管理活动，预算绩效管理应遵循政府收支活动的规律，因此，应接受公共财政理论的指导。预算绩效管理是全过程地管理政府、政府部门单位的财政资金，以便提高财政资金的经济性、效率性、效果和公平性。预算绩效管理的成效无法脱离公共管理而独立存在，因此，预算绩效管理也要遵循公共管理活动的规律，它要接受公共管理理论的指导。成本效益分析法是预算绩效管理的主要评价方法，会计信息是预算绩效管理的重要信息基础，政府会计理论是指导预算绩效管理的重要理论基础。

1. 公共财政理论的应用。预算绩效管理直接目标是提高财政资金的使用效益，最终目标是推进现代财政制度的建设、实现公共财政的价值目标。公共财政的价值目标有"效率""公平""质量"。

（1）"效率"目标的应用。公共财政的"效率"目标要求财政和市场的职能要分清，政府配置资源的必要条件是市场失灵。换言之，公共财政支持的范围是政府行为合规性的范围，但因为政府失灵的存在，即使是公共财政支出的范围，政府配置资源的行为也要满足"效率"才具有预算支出决策的"立项充分性"，比如，某地制定的社会保障支出标准超过当地的经济和财政发展水平，虽然社会保障支出是公共财政支出范围，但过高的支出标准是不符合"效率"原则的，预算支出标准必须进行合理的调整。预算绩效管理，尤其是部门单位预算绩效管理的绩效目标和评价指标体系对"效率"价值目标要有体现，具体可在"投入"一级指标的"立项充分性"下设置"是否符合效率"指标标准加以判断，而且对于不符合"效率"标准的预算支出必须进行预算调整。

（2）"公平"目标的应用。公共财政有三个职能，分别是资源配置、收入再分配和经济稳定。公平是公共财政再分配职能的目标。公平有很多视角的理解，比如机会公平、结果公平、绝对公平等。不同的财政收入再分配政策可能采用的"公平"定义有所差别，甚至在财政资源配置活动中也要注意"公平"目标的实施，比如，社会保障领域，一些预算支出标准采用"绝对公平"标准，即按人头标准支付；九年义务教育的预算支出要多考虑"起点公平"，而人才和就业政策有时要考虑"机会公平"。"公平"目标如何在部门预算绩效管理中应用？从事前环节看，项目和政策预算申请应接受决策的立项充分性审查，此时审查包括项目和政策是否符合"公平"目标。从事中环节看，项目和政策的实施要保证"公平"目标的实现，如果"公平"目标的实施出现偏差，监管部门有责任及时要求部门单位纠偏。从事后环节看，部门预算绩效评价要关注公共财政、公共管理价值目标实现情况，以部门预算绩效管理推动现代公共财政制度和政府治理能力现代化建设的实现，从而促使部门单位预算资金的经济性、效率性、效果和公平性的不断提升。

（3）从公共财政视角如何理解成本效益分析法。成本效益分析法是预算绩效评价的主要方法。然而，公共财政领域的"成本"与企业会计的"成本"有很大差别。公共财政的资源配置、收入再分配和经济稳定三大职能使得政府资金活动的目标多元化，因此，评价财政资金的绩效不能仅仅采用"会计成本"和"经济效益"。政府的成本可以分为政治需求的成本、法定成本、经济成本、政策性成本、会计成本等，比如，扶贫的财政投入可以视为政治需求的成本和政策成本，扶贫的财政投入不能简单采用"会计成本"大小来评价，而是要从共同富裕和建设小康社会的政治目标出发，采用"政治需要的成本"来衡量。诚然，扶贫也要讲求方式和方法，做到精准扶贫和"造血"扶贫，要讲究可持续性、防止返贫等。再比如减税降费政策的实施，涉及财政收入的减少，属于政策性成本；自然垄断行业的生产和提供涉及的"会计成本"，其评价比较接近企业的绩效评价。总而言之，部门预算绩效管理要注意公共部门财政资金管理的特殊性，不能简单地把成本效益分析法的"成本"理解成"会计成本"。

（4）预算类型对部门预算绩效管理的影响。2018年9月，中共中央、国务院印发的《关于全面实施预算绩效管理的意见》提出"创新预算管理方式，更加注重结果导向、强调成本效益、硬化责任约束"。然而，事实是，目前我国预算类型还是以"控制型预算"为主，而非"结果导向型预算"。"结果导向型预算"是要有较高级的公共管理支持，比如对部门单位进行相对放权管理、政府治理的法治水平高、部门单位管理会计制度建设较为完善等。"结果导向型预算"下财政部门和部门单位"信息不对称"问题相对缓解，依据"4E"理念设计绩效目标并进行预算绩效管理，预算绩效管理可以取得一定成效。但目前我国公共管理还存在"行政管理"特征，公共管理的法治水平有待提高，"科层制"是我国部门单位的行政组织形式，部门单位管理以行政指令为主。政府会计和内部控制制度需要进一步完善，行政成本会计制度尚未建立。因此，我国"控制型预算"在较长时期内还将存在。"控制型预算"下，部门预算绩效管理通过设置体现公共财政和公共管理价值目标的指标进行绩效评价，促进现代财政制度和政府治理能力现代化建设，从而实现部门单位财政资金的经济性、效率性、效果和公平性的自主提升。同时，根据部门单位五年规划目标、年度计划任务、科室主要职能等，我们应依据"4E"理念，设计关键指标以反映其产出和效果。

（5）财政立法对部门预算绩效管理的作用。法律制度是部门预算绩效管理规范有效实施的最重要保障。目前，我国预算绩效管理的法律依据是《中华人民共和国预算法》（以下简称《预算法》）。

2014年8月新修订的《预算法》第12条规定：各级预算应当遵循统筹兼顾、勤俭节约、量力而行，讲求绩效和收支平衡的原则。

第32条规定：各级预算应当根据年度经济社会发展目标、国家宏观调控总体要求和跨年度预算平衡的需要，参考上一年预算执行情况、有关支出绩效评价结果和本年度收支预测，按照规定程序征求有关方面意见后进行编制。各部门、各单位应当按照国务院财政部门制定的政府收支分类科目、预算支出标准和要求，以及绩效目标管理等预算编制规定，根据其依法履行职能和事业发展的需要以及存量资产情况，编制本部门、本单位预算草案。

第49条规定：全国人民代表大会财政经济委、各地方人大审查结果报告应当包括对执行年度预算、改进预算管理、提高预算绩效、加强预算监督等提出意见和建议。

第57条规定：各级政府、各部门、各单位应当对预算支出情况开展绩效评价。

第79条规定：县级以上各级人民代表大会常务委员会和乡、镇人民代表大会对本级决算草案，重点审查支出政策实施情况和重点支出、重大投资项目资金的使用及绩效情况。

2020年8月国务院发布的《中华人民共和国预算法实施条例》第20条规定：绩效评价是指根据设定的绩效目标，依据规范的程序，对预算资金的投入、使用过程、产出与效果进行系统和客观的评价。绩效评价结果应当按照规定作为改进管理和编制以后年度预算的依据。预算支出标准是指对预算事项合理分类并分别规定的支出预算编制标准，包括基本支出标准和项目支出标准。地方各级政府财政部门应当根据财政部制定的预算支出标准，结合本地区经济社会发展水平、财力状况等，制定本地区或者本级的预算支出标准。第 51 条规定：预算执行中政府财政部门要负责组织和指导预算资金绩效监控、绩效评价。第 53 条规定：预算执行中各部门、各单位要负责依法组织收入，严格支出管理，实施绩效监控，开展绩效评价，提高资金使用效益。

这些法律规定仅仅解决预算绩效管理的"财政部门在预算绩效管理中职责、部门和单位应进行绩效评价、财政部门要制定预算标准"等部分问题，还有很多问题缺乏相应的法律依据，比如"第三方的法律责任与权利、预算绩效管理的科学合理性如何保障、预算绩效管理结果的应用、预算绩效管理各主体的法律责任"等。我国预算绩效管理的立法工作还需要进一步加强。

公共财政理论是指导部门预算绩效管理建设的主要基础理论，部门预算绩效管理工作要遵循公共财政的规律，要有助于公共财政价值目标的实现，要能推进现代财政制度的建设与完善。

2. 公共管理理论的应用。

（1）"科层制"下部门预算绩效管理。"科层制"是马克斯·韦伯（Max Weber）的传统行政管理理论基础，也称为"官僚制"。"科层制"组织管理形式对部门单位的权力按职位和职责分配，传统行政管理具有等级制、专门性、非人格化等特征。"科层制"下，部门单位的执行力较强，但缺乏创新文化氛围，部门单位的科室文化具有高度相似性。因此，部门预算绩效管理的重点之一是推动现代财政制度、政府治理能力和治理体系现代化建设，要有助于公共财政和公共管理价值目标的实现，最终促进部门单位预算资金使用实现"4E"。具体的制度设计是设置体现公共财政和公共管理价值目标的预算绩效管理评价指标和指标标准，比如，对公共财政的"效率"价值目标，部门预算绩效管理的评价指标体系可设置一条"决策的立项充分性"标注——"是否符合公共财政效率目标"。所谓"公共财政的效率目标"，是指项目和政策是否符合公共财政支持范畴，同时是否符合帕累托效率。再比如，对公共管理的"信息公开"，部门预算绩效管理的评价指标体系可在过程指标中设置"信息公开"考核指标，具体包括预决算信息、财务报表信息、政策信息、制度信息等。部门预算绩效管理的重点之二是通过"个性化指标"考核部门单位职能和战略规划目标的实现情况，"个性化指标"是依据部门职能、战略规划目标、年度计划指标任务等设计。考虑到部门单位科室和项目的多样性，部门预算绩效管理的指标体系应按关键指标法来设计，不应讲求面面俱到，更不能将科室的项目指标汇总来设计部门单位指标体系。

（2）新公共管理理论的启发。新公共管理理论实际上并没有一套严谨、规范、完整的理论体系，而是新公共管理运动的观点、理念、措施和制度之和。新公共管理运动是在20世纪70年代西方经济出现"滞胀"背景下出现的一场公共管理改革。它是以新古典主义经济学理论和私营部门管理理论为基础，主张在公共部门引入竞争机制，推行政府服务外包、国有企业私有化、政府会计改革、绩效管理等改革。新公共管理运动将"关系人参与、信息透明、受托责任、法律规章确定性、公共资源的可预见性"作为目标，进行政府的"再塑造"。新公共管理运动要"塑造"的政府具有以下特征：制定规则并监督规则执行的政府；信息透明度高的政府；法治的政府；有预见能力的政府；顾客需求取向的政府；市场导向的政府；讲求绩效的政府等。① 新公共管理理论给予的启发是：部门预算绩效管理是政府绩效管理改革的一部分，政府预算绩效管理是政府管理能力现代化改革的一部分。因此，部门预算绩效管理应在政府管理改革的大框架下进行设计，而不是囿于财政资金的使用效益管理。为此，部门预算绩效管理要做好与部门绩效管理、部门内部控制、部门预算编制、政府会计改革、政府法治建设等改革的协调。缺乏改革的综合协调性，部门预算绩效管理将无法取得有效的进展。

（3）后新公共管理理论的启发。新公共管理理论过度强调政府管理的"效率"，导致"公平"和"正义"目标被忽视。因此，治理理论取代新公共理论。治理理论提出以"公民需求"为导向，利用信息技术对各层级、功能、公私部门关系碎片化问题进行协调和整合，从而建立整体型服务的政府治理模式。治理理论认为，公共治理的主体包括政府、社会、市场，公共治理是个网络，政府是治理网络的重要节点。政府应有效连接治理网络的各个主体，提供个性化、差异化和全方位的服务。② 后新公共管理理论给予部门预算绩效管理的启发是：公平和效率要受到绩效管理一样的重视；公共管理要满足广大人民群众日益增长的物质和文化需求；政府管理成本的降低很大

---

① 胡志勇. 中国政府成本会计体系构建与实施研究［M］. 北京：经济科学出版社，2018：16－17.

② 胡志勇. 中国政府成本会计体系构建与实施研究［M］. 北京：经济科学出版社，2018：19－20.

程度上取决于公共管理理念和模式的转变；等等。

（4）公共管理价值目标的应用。部门预算绩效管理应推进政府治理能力现代化建设，实现公共管理的价值目标，比如满足人民日益增长的物质和文化的需求、信息公开透明、法治等目标。部门预算绩效管理如何推进政府治理能力现代化建设？关键在于在部门预算绩效管理指标体系设计上要将公共管理的价值目标设置成相应的指标和指标标准。比如，"信息透明"目标的应用。部门预算绩效管理的共性指标，可在"过程"一级指标下设置"信息公开"二级指标，指标具体考核"所有应公开是否尽公开的情况"，具体包括财务公开、预算公开、政策公开、政府采购公开、办事流程公开等。再比如，"法治"目标的应用。部门预算绩效管理的共性指标，可在"过程"一级指标下设置"法治水平"二级指标，"法治水平"二级指标下设"法律、规章制度"和"法律、规章制度执行情况"两个三级指标。公共部门管理的价值目标被转换为预算绩效管理指标后，部门预算绩效管理工作的开展就推动公共部门管理价值目标的实现，从而助力政府治理能力现代化建设的实现。

3. 政府会计理论的应用。政府会计理论在部门预算绩效管理中的应用主要是成本会计理论和管理会计理论部分。绩效管理主要涉及的是成本和绩效两方面。目前，我国政府成本会计制度的建设刚刚开始。2019 年 12 月财政部印发《事业单位成本核算基本指引》，行政单位成本核算还缺乏制度规范。部门单位有战略规划、内部控制和考核制度，但这些制度的实施很多情况下还是停留于表面，没有形成实质性结果，更谈不上有完整的制度合力。

（1）成本会计理论的应用。部门预算绩效管理需要公共部门成本核算与管控制度的支持。然而，公共部门领域的特殊性导致其长期缺乏成本的核算与管控。公共部门的特殊性主要是其目标的多元化，包括政治的、经济的、社会的、文化的目标。随着国家治理现代化进程的推进，绩效成为现代公共管理的特征之一，公共部门成本核算与管控的需求就自然而然产生。从中外历史看，公共部门成本核算与管控都缺乏理论研究与积累，因此，企业成本会计理论值得借鉴。

企业成本会计理论主要包括财务层面的成本核算理论与管理会计层面的成本管控理论。财务层面的成本核算理论主要是成本核算对象、成本核算口径、成本核算方法、直接费用和间接费用概念、成本核算工作组织等。由于公共部门的特殊性，企业成本会计理论无法直接应用到公共部门领域。比如，在成本核算对象方面，公共部门的"公共产品"严格来讲是属于财政理论的一个概念，它不像私人产品那样具体而实在。"社会信用"是一个公共产品，"社会信用"是无形的，如果"社会信用"好，全社会都会受益，可是"社会信用"治理的成本要怎么核算？哪些部门的成本该归集其中？是工商部门、市场监管部门，还是法院、公安部门、税务部门等？如果公共产品的成本涉及多个部门，其成本该由谁来核算？如果不能按"公共产品"来核算成本，按项目、服务、专项和科室来核算成本可以吗？答案也不简单，比如，按项目核算成本，目前部门单位在项目设置上并不合理，很多项目设置还停留在过往"预算编制越细越好"的管理理念，项目设置琐碎、重复、交叉等现象普遍。在此背景下，项目成本的核算可能没有实际意义。再比如，按科室核算成本，有的部门科室职能多样化，以科室核算的成本不能很好反映其实现各种职能的成本。面对各种问题，公共部门的成本如何核算与管控是个需要进一步进行理论探讨的问题，探讨这个问题需要借助成本会计理论。

（2）管理会计理论的应用。部门预算绩效管理是财政部门主导的，主要目标是推进政府治理能力现代化建设，实现公共财政和公共管理的价值目标。部门预算绩效管理最终是要以公共部门绩效管理为基础。而公共部门绩效管理需要一些关键的制度建设和技术支持，其中包括管理会计的应用。管理会计将帮助财政部门解决在实施预算绩效管理中存在的严重的"信息不对称"问题，通过公共部门管理会计报告披露来解决部门、项目、政策的成本信息问题，同时也可以实现部门整体绩效自评价报告，以及部门重点、重大项目、政策自评价报告。管理会计主要包括战略管理、预算编制、成本管理、信息管理、内部控制、业绩评价等几个部分。目前，我国公共部门管理已经逐渐建立并应用管理会计的部分制度，但还没有形成有机、系统的管理会计框架。如何学习企业管理会计并结合公共部门管理特点来研究并实施部门管理会计是很有必要的。

第三章 部门预算绩效管理主体

预算绩效管理的主体是绩效管理工作的具体组织者、实施者和参与者。不同主体在预算绩效管理工作中扮演不同角色，起着不同的影响作用。以预算绩效管理的主要组成部分——绩效评价为例，不同评价主体对同一个项目得出的绩效评价结果可能大相径庭，例如，对广东省农村危房改造补助专项资金（2011～2014年）的绩效评价，两个省级主管部门（省扶贫办和省住建厅）都向社会出具了自评报告，分别打出了95分和95.8分的自评总分，而29个县（市、区）的自评分更高，平均达98.2分，但省人大常委会委托的第三方机构对两部门自评工作质量的评价显示，其总体得分仅为71.9分。吴建南和岳妮（2007）采取模拟试验的方法，验证了评价主体和评价对象之间的利益相关性大小对评价结果的客观性影响，结果也表明，不同评价主体对评价结论会产生不同的影响。因此，确立绩效管理的主体、明确各类主体职责与作用、建立规范各管理主体的制度是预算绩效管理工作的关键环节。为了保证绩效管理工作的质量，有必要深入考察各个部门绩效管理主体的特点、优势和局限性，这样才能构造出一种科学合理的绩效管理组织模式。

一般情况下，部门预算绩效管理主体包括五类：（1）各级财政部门；（2）预算主管部门和用款单位；（3）审计机构；（4）第三方机构；（5）其他主体，如人大及其常务委员会、党委和政府、社会公众等。马海涛等学者（2019）将实施绩效管理工作的行动者分为四类：（1）核心部门，主要包括各级党委、政府和财政部门，负责领导统筹、组织协调推进全面实施预算绩效管理；（2）直线部门，包括各级预算主管部门和用款单位，他们作为公共产品和服务的直接提供者，是全面实施绩效管理的第一责任人；（3）监督部门，包括立法机关、审计机构、纪检监察机关等；（4）支撑部门，主要指第三方专业机构和社会公众。

一、各级财政部门

财政部门也称"财政机关",包括国务院设立的中华人民共和国财政部,各省、自治区财政厅,直辖市财政局,各行政公署财政处,各县、市、自治州、自治县、市辖区财政局,以及各乡、镇财政所,形成了一个完整的体系。地方各级财政部门受各级政府及其派出机关领导,同时在财政业务上受上一级财政部门领导。

（一）财政部门的预算绩效管理职责

我国《预算法》规定,财政部门负责分配和监督财政资金,应当坚持事前、事中和事后监督相结合,建立覆盖所有政府性资金和财政运行全过程的监督机制,财政部门本身又是政府的代表和财政预算的管理者。因此,财政部门一直负责组织指导本级预算部门和下级财政部门开展绩效评价,根据需要对其实施整体支出绩效评价、重点支出评价和再评价,侧重于完善财政政策、促进部门履职、落实民生支出等。具体地说,财政部门的预算绩效管理职责应集中于六个方面。

1. 制定部门预算绩效管理办法,发布相关政策,对政府各部门预算绩效管理改革进行监督、指导和控制,审核各部门汇总报送的绩效报告,确保绩效结果的公正真实,在一定范围内公开部门绩效管理状况,接受社会监督;

2. 负责制定并提供持续的预算绩效管理标准和技术指引,并按照资金功能、用途、管理特征和组织特点分类建设指标库和标准体系;

3. 组织做好试点改革工作,将成功经验推广到其他各个领域,结合部门预算绩效管理,提出调整预算分配、提高预算资源配置效率的建议;

4. 在预算编制、执行、监督三位一体的基础上,强化财政预测,分析功能,提高对部门中期规划预算和年度预算审核的有效性;

5. 综合政府财务数据和绩效信息,编制和发布绩效导向的政府整体综合财务报告；

6. 建立财政部门内部预算绩效管理沟通协调工作机制，为上下级政府间管理联动提供组织保障。①

2020 年 8 月 3 日，国务院总理李克强签署国务院令，公布修订后的《中华人民共和国预算法实施条例》，自 2020 年 10 月 1 日起施行。该条例进一步明确了预算绩效管理中的职责划分、监督和考核制度、报告制度。该条例要求财政部门：

1. 组织和指导预算资金绩效监控、绩效评价；

2. 各级政府财政部门有权监督本级各部门及其所属各单位的预算管理有关工作，对各部门的预算执行情况和绩效进行评价、考核；

3. 各级政府财政部门应当每月向本级政府报告预算执行情况；

4. 地方各级政府财政部门应当定期向上一级政府财政部门报送本行政区域预算执行情况。

很明显，该条例赋予了财政部门预算绩效管理的监督、评价和考核权，并明确了财政部门有责任承担起相应的绩效运行监控和报告制度。

（二）预算绩效管理工作的组织形式

一般而言，财政部门关于预算绩效管理工作一般有三种组织形式：（1）由财政部门预算管理处（科）室主导；（2）由财政部门的其他相关处（科）室主导；（3）专门设置预算绩效管理机构主导。由于前两种形式会增加相关科室的负担，其专业性也不够，为了实现专事专管，方便预算绩效管理权责的明确和落实，财政部门普遍倾向于设置专门的预算绩效管理机构，如绩效处、绩效科、绩效股等，以此来全面统筹管理辖区内的预算绩效管理工作。2004 年，广东省财政厅在全国率先成立绩效评价处，之后辽宁、广西、福建等省份也迅速跟进，增设了绩效管理机构。在实际运行中，预算绩效管理机构一般要根据评价对象与财政局的相关业务管理处室共同完成预算绩效管理工作（如某市的"三农资金"的绩效评价，财政局绩效科要与农业

---

① 童伟，郄晓雨. 厘清绩效职责 落实责任机制. http：//czj. yancheng. gov. cn/art/2019/4/20/art_ 323＿ 3046895. html. 2019－04－20

科一起完成），两个科室各有分工，预算绩效管理处室负责从整体上拟定预算绩效管理的工作规划、规章制度和相应的技术规范，组织、指导预算绩效管理工作等；业务管理处室主要负责选定评价项目，并配合评价小组做好与预算主管部门、用款单位的对接，如调研、问卷访谈、资料收集工作以及督促结果应用等。

从预算绩效管理的每个环节看，预算绩效管理处室和业务管理处室的职责有明显的差异，也有配合。在预算绩效目标管理环节，预算绩效管理处室负责布置绩效目标申报和完整性审核，业务管理处室则负责绩效目标的准确性审核，双方共同开展重点项目的目标论证；在预算绩效跟踪管理环节，预算绩效管理处室负责下达年度跟踪任务要求、指导预算单位开展绩效跟踪，业务管理处室则负责跟踪结果审核、整改任务落实；在预算绩效评价管理环节，预算绩效管理处室制定绩效评价工作操作规程、下达年度评价任务要求、组织开展评价、进行结果公开等，业务管理处室对评价结果给予审核并落实结果应用等。[1]

财政部门除了组织指导预算绩效管理外，也会直接参与预算绩效评价工作。财政部门的绩效评价是绩效评价的三种形式之一（财政部门组织的预算绩效评价、预算单位自评、第三方机构评价）。财政部门一般会选取重点部门、单位、项目、政策实施绩效评价，或是在预算部门自评的基础上实施再评价。由于存在着组织与被组织、监督与被监督的关系，财政部门对预算主管部门有一定的影响力，获取预算绩效信息比较便利，容易获得对方的配合，预算绩效管理工作容易开展。但财政部门在绩效评价工作中也存在一些问题，这主要是因为：一方面，理论性和专业性不足。与专业研究机构相比，财政部门内部人员构成的评价小组在绩效评价理论、方法上存在欠缺，如评价标准选取不合理、权重设置不合理、评分标准不合理等，容易造成评价质量不高。另一方面，客观性不够。在政府管理体系中，财政部门与预算单位呈平行关系，行政级相同，出于各种部门利益等考量，财政部门评价很难没有阻力地实施预算绩效评价并对外公布评价结果。财政部门依据自己组织的预算绩效评价的结果进行预算配置和调整，其客观性和公正性也容易受到质疑。

---

[1] 刘敏，等. 财政支出预算绩效管理主体职能浅析 [J]. 财政监督，2015 (4)：57–59.

财政资金的分配从某种意义上说是各部门之间的博弈，财政部门依据相对独立的第三方机构的评价结果可以更加顺利、有效地进行预算资金的调整。因此，第三方机构预算绩效评价是较为可取的评价方式，财政部门负责帮助第三方进行评价工作的协调，同时做好对第三方机构预算绩效评价工作的监管。

二、预算主管部门和预算单位

《关于全面实施预算绩效管理的意见》中明确指出"部门和单位主要负责同志对本部门本单位预算绩效负责，项目责任人对项目绩效负责，对重大项目的责任人实行绩效终身责任追究制，切实做到花钱必问效，无效必问责"，2020年出台的《中华人民共和国预算法实施条例》也要求"各部门、各单位实施绩效监控，定期向本级政府财政部门报送预算执行情况报告和绩效评价报告"。由此可见，预算主管部门和预算单位是预算编制的责任主体，也是预算执行的责任主体，应对部门预算编制的真实性、完整性、准确性负有直接责任，对预算执行的严肃性负有直接责任，对财政资金能否发挥最大效益负有直接责任。其中，预算主管部门既使用财政资金也管理下级预算单位的资金及业务，在财政部门和下级预算单位之间起着重要的"衔接"作用。其主要负责指导和具体组织预算单位的预算绩效管理工作、审核预算单位提出的绩效目标和自评结果等；而预算单位是财政预算资金的主要使用者，其主要负责项目绩效目标的设立、绩效指标的设计、绩效评价的自评工作等，协助预算主管部门的绩效评价工作，预算单位对财政支出的绩效负有直接和主要的责任。

随着财政支出追踪问责机制的建立和完善，以及预算绩效管理工作逐渐步入常态，预算主管部门和预算单位慢慢改变了对预算绩效管理的抵触或消极被动的心态。这一方面是因为中共中央、国务院印发的《关于全面实施预算绩效管理的意见》提出"花钱必问效，无效必问责"，随着预算绩效管理制度进一步完善，各部门和单位的官员逐渐重视预算绩效管理工作。在以往，每年财政预算经人大审议通过，并经过财政部门拨付资金后，部门和单位负责将预算资金用完，至于预算资金绩效，不在领导的考虑之内，因此，各部门和单位习惯了"敞口花钱，不问绩效"的理念。预算绩效"追踪问责"机制将促使预算主管部门接受"花财政的钱是要追踪问效的，是要追究责任"的理念。另一方面是因为《预算法》规定，"各级政府、各部门、各单位应对预算支出情况开展绩效评价，编制预算要参考上一年度绩效评价结果。"随着我国预算绩效管理改革的深入，预算主管部门和预算单位为了争取更多的预算资金，需要证明资金使用的效率和效益。基于此，预算主管部门和预算单位会主动制定和完善部门内部管理制度和资金管理办法，制定本部门绩效评价规章制度，具体组织实施本部门和用款单位的自评工作，并向同级财政部门报送绩效评价报告，由财政部门组织抽查或复核。

这种部门、单位的预算绩效管理属于内部管理形式，它是一种自上而下的管理手段。这种评价方式由于是预算主管部门推动，和下级预算单位的交流比较通畅，资料获取比较容易，但其属于组织的"内控"管理。按照管理学原理，"评价"是一种内部管理工具，属于哈罗德·孔茨（Harold Koontz）所说的控制职能，并非严格意义上的"绩效评价"，因为它很难真正从组织外公众的利益角度进行考量。其自评结果的公信力较弱，无法真正保障评价的客观性和公正性，容易出现高估评价结果的现象。而且，预算主管部门和预算单位人力有限，评价人员也缺少绩效评价的专业知识。在实际工作中，预算单位提交的很多绩效目标申报表和自评报告都存在许多明显问题，如指标的选取缺乏代表性、评分标准不合理、评分主观性太强等。

三、审计机构及绩效审计

20世纪30年代世界经济危机之后，西方各国普遍奉行凯恩斯主义，政府公共支出迅速增长，社会公众对庞大的财政资金是否起到预期的使用效率和效果产生质疑。在此背景下，西方国家审计部门逐渐开始从传统财务审计向绩效审计转变。正如美国前会计总署署长埃尔默斯塔特（Elmerstat，1981）在美国《政府机关、计划项目、活动和职责的审计评价标准》修订版前言中指出的那样，"40年前，审计人员主要致力于审计各项开支的付款凭证，而今，审计人员还需要审计政府各项业务活动的经济性、效率性和效果性。"绩效审计是公共受托责任理论的必然产物，肩负对财政支出的经济、管理和社会责任的有效履行情况进行监督、鉴证与评价的责任。作为一种独立审计类型，绩效审计通过对财政资金使用情况的分析，揭露影响财政资金使用效益的突出问题，对规范财政资金、提高财政资金的使用效率均具有重要的意义。

"绩效审计"的概念最早出现在 1972 年美国国会颁布的《政府机构、计划项目、活动和职责的审计准则》（也称"黄皮书"）中，并在美国、英国、加拿大等西方国家得到发展和实践。我国的绩效审计最早产生于 20 世纪 90 年代，在 1991 年的全国审计会议上，审计署首次提出，"在开展财务审计的同时，逐步向检查有关内部控制制度和效益审计方面延伸"，随后，绩效审计工作在我国获得了持续发展。

绩效审计和预算绩效管理一样，同属于政府绩效管理的组成部分。从国家出台的政策层面来看两者之间有着密切的联系。例如，国务院发布的《关于加强审计工作的意见》中指出，"把绩效理念贯穿于审计工作始终，加强预算执行和其他财政收支审计，密切关注财政资金的存量和增量，促进减少财政资金沉淀，盘活存量资金，推动财政资金合理配置、高效使用，把钱用在刀刃上"；《关于全面实施预算绩效管理的意见》进一步指出，"审计机关要依法对预算绩效管理情况开展审计督查，财政、审计等部门发现违纪违法问题线索，应当及时移送纪检监察机关"。因此，研究预算绩效管理，不可避免要厘清与绩效审计相关的一些容易混淆的概念。

（一）绩效审计和预算绩效管理

国际上对绩效审计主要采用"3E"定义，一般认为，财政资金的绩效审计是对财政资金的经济性（economy）、效率性（efficiency）以及效果性（effectiveness）进行审计评价。① 很明显，基于"3E"的衡量标准使绩效审计和预算绩效管理在评价内容上具有一定的重叠性，因此，预算绩效管理可以参考或运用绩效审计的结论和建议。除了评价内容上的重叠以外，绩效审计和预算绩效管理两者还有以下共同点：（1）强调了独立性。没有了独立

---

① 与美国绩效审计的定义类似，我国的绩效审计还强调了合规性（compliance），认为不论从事什么类型的审计业务，审计人员都有责任关注违法违规问题，可以概括为"3E＋C"，参见施青军的《政府绩效评价概念、方法与结果应用》。

性，无论是绩效审计，还是预算绩效管理，都是没有意义的。（2）提高政府管理水平。预算绩效管理可以帮助政府建立约束和激励机制，改进政府公共管理水平；而绩效审计也可以提高政府的管理规划和管理控制水平，促进政府问责制度的实施。

但绩效审计和预算绩效管理存在一些不同：（1）定位不同。预算绩效管理更多的是属于内部管理，属于预算管理内容；而绩效审计是外部管理，属于监督管理活动。（2）主体不同。预算绩效管理的主体是多主体、全方位、多层面的立体机构，包括财政部门、第三方机构、人大等；而绩效审计的主体一般是国家审计部门，例如，我国《审计法》规定，"我国的绩效审计主体是国家审计署和地方各级审计机关"。（3）时间切入点不同。预算绩效管理贯穿预算全过程，涵盖事前、事中和事后各环节；而绩效审计工作更多侧重于事后评价和管理模式。具体地说，预算绩效管理对财政资金来源的合理性和管理的规范性、财政资金配置的合理性和有效性、财政资金使用结果和政策目的的完成情况进行全过程评价；而绩效审计则针对财政资金使用结果和政策目标的实现程度进行分析、复核和审计。[①]（4）工作的着重点不同。预算绩效管理源于社会科学，往往侧重于项目对可观察变化有无贡献，以及贡献的程度，其出发点和关注点在于预算是否实现了预期的产出和结果，财政支出是否取得了应有的效益，侧重于绩效；而绩效审计源于财务会计，虽然也关注绩效，但更多的是合法性、合规性检查，侧重于监督。[②]

（二）绩效审计和财务审计

一般认为，开展绩效审计是财务审计发展的重要趋势和高级阶段。绩效审计和财务审计都是由审计部门负责完成，但两者也有明显的区别，具体如下。

1. 审计目的不同。财务审计的目的较为单一，一般是保证被审计单位财务收支真实性、合法性和公允性，从而起到纠正错误、防止舞弊的作用；而绩效审计的目的是促进被审计单位提高人、财、物等各种资源的利用效率，

---

① 马洪范. 建立全过程预算绩效管理体系 [M]. 北京：经济科学出版社，2018：89.
② 王海涛. 我国预算绩效管理改革研究 [D]. 北京：财政科学研究所，2014：29–31.

强调经济性、效益性和效果性。

2. 审计对象不同。财务审计的范围是被审计单位的财务资料和收支活动；而绩效审计的内容十分广泛，包括所有影响绩效的行为、因素、活动，以及被审计单位的各项业务活动和其他非经济范畴的管理活动。

3. 审计资料不同。财务审计的审计资料仅限于反映经济活动和记载其财务收支的各项会计资料，如会计报表、账簿和凭证等；而绩效审计不局限于此，还可以包括反映被审计单位的工作计划、工作总结等。

4. 审计方法不同。财务审计主要依靠传统的财务资料检查法，有固定的审计模式和方法，如顺查法、逆查法、审阅、盘点等；而绩效审计除了采用常规审计方法以外，还经常运用比较分析法、标杆法、模糊综合评价法、成本效益（效果）分析法等现代经济管理技术和方法。

5. 审计理念不同。在财务审计中，被审计单位和个人要严格遵守相关制度规定，否则将会受到法律的惩罚；而绩效审计则是绩效和结果的导向性审计，更强调实际的效果。例如，被审计单位和个人即使没有按相关制度和规定办事，只要结果是单位效益增加了，该行为也将被视为一种创新，审计人员可能将其作为修改制度的建议。从这种意义上来看，绩效审计也可以说是一种积极的审计。[①]

四、第三方机构

2014 年以前，我国财政支出绩效评价的主体是财政部门。如前所述，这种"自拉自唱"的评价模式产生的评价结果往往流于形式，缺少说服力。为了改变这一现状，提高评价结果的效度和信度，需要建立多层次的绩效评价体系，特别是第三方评价机构的引入。基于此，2012 年，财政部印发的《预算绩效管理工作规划（2012 – 2015 年）》明确指出，"在强化财政部门、预算部门绩效评价主体功能的同时，探索引入第三方评价。"2015 年 8 月 26 日，李克强总理在国务院常务会上明确指出，突破"自说自话"式绩效评估

---

① 陈雄智，吴伟琴. 我国财务审计与绩效审计的比较与结合 [J]. 财会月刊，2006（12）：44 – 45.

的路子在于推进第三方评估，并把它提升到"创新本届政府管理方式"的高度。2016 年 3 月 10 日，习近平总书记在参加第十二届全国人大四次会议青海代表团审议时也强调了"第三方评估"的作用，"建立精准扶贫台账和扶贫成效第三方评估机制"。《关于全面实施预算绩效管理的意见》中也明确指出"必要时可以组织第三方机构独立开展绩效评估，审核和评估结果作为预算安排的重要参考依据"。从国际经验来看，外国政府也通常将绩效评价外包给学术界或咨询公司，而非让政府部门或官员来从事政府绩效评价。尚虎平和王春婷（2016）通过对美国、英国、新西兰等西方发达国家在第三方评价方面经验的总结，指出所有这些与政府绩效评价有关的法律，一个显著的相同点体现在强调借助"第三方"知识、使用"外脑"的重要性，甚至提倡借助第三方机构的"超脱性""科学性"，合理地授权它们开展"第三方评价"。总之，第三方评价机构的引入，不论在国内还是国外都已经成为主流趋势。

所谓第三方机构，是指与被评价政府部门和政府对象无隶属关系或利益关系的社会中介组织、民间组织和专家团队，主要包括会计师事务所、资产评估机构、社会研究机构、高等院校、科研院所、社会咨询机构及其他社会组织等。广东省是第三方评价的积极实践者，2011 年，广东省率先开展了"引入第三方评价财政资金使用绩效"的改革试点，省财政厅采取整体委托的方式，通过公开邀标的形式，公开选定第三方评价机构独立承担财政性资金使用的绩效评价，涉及财政资金 90 多亿元。这意味着广东省在拓宽社会参与渠道，进一步提高财政资金使用绩效评价的公信力、民主性和科学性，建立健全财政收支绩效的社会评价体系，推动服务型政府建设，提高政府管理绩效方面迈出了实质性步伐。[1]

（一）第三方机构绩效评价的优点

1. 第三方机构具有较好的独立性，评价结论较为客观和公正。郑方辉和陈佃慧（2010）认为，作为多元评价主体之一，第三方的独立性具体表现为：（1）组织独立。第三方机构与政府组织机构不存在隶属层级关系。

---

[1] 广东省财政厅. 引入第三方独立评价财政支出绩效［J］. 中国财政，2012（6）：52 - 53.

（2）人员独立。在第三方机构从事评价工作的人员，不在政府部门任职。

（3）经济上独立。第三方机构不与被评价政府机构存在财务利益关系。

（4）精神独立。从事评价的工作人员保持超然的精神状态，不带有任何偏见，这是第三方评价的内部要求。精神独立是实质上的独立，组织和人员独立是形式上的独立。（5）结果独立。对评价结果承担责任，不受政府部门和其他组织的干预和影响，是对第三方评价主体独立性的约束。

2. 第三方机构具有专业性。与其他评价主体相比，第三方机构无疑具有人才、科研、理论、方法与工具等方面的专业优势。例如，高等院校组织的评价机构中，研究人员一般具有财政、税收、会计、审计等背景，在绩效管理理论方法和体系设计上具有优势。再比如，会计师事务所组织的评价机构，参与人员一般具有丰富的审计实践经验，在评价执行及合规性审查上具有优势。

3. 将大量的财政绩效评价工作交给专业的第三方机构，可以减轻财政部门繁重的评价工作负担，使其更好地进行绩效管理工作，特别是评价结果的应用工作，如根据反馈评价结果督促整改落实、加强绩效问责等。

4. 有助于公民参与绩效管理。新公共管理理论（new pubic management）是近年来西方国家行政改革的主体指导思想之一，是预算绩效管理的机制支撑和理论基础。新公共管理理论主张在政府公共部门广泛采用私营部门的成功管理方法和竞争机制，以此提高行政管理效率，打造服务型的政府，政府的根本宗旨在于为公民提供满意的服务，公民对政府服务的满意度是衡量政府绩效管理是否成功的首要标准。正如亚里士多德比喻的那样，"对一桌菜肴好坏的评价权应该在于食客而不是厨师，对一座房屋好坏的评价权在于住户而不是建筑师"，但我们也应看到，公民普遍缺乏专门的评价理论和方法，不了解政府的运作机制，信息获得渠道有限，也没有足够的时间和精力参与绩效管理，而第三方机构则可以通过发放问卷、网络调查、走访、考察等民意调查手段，让一般民众有机会简单方便地参与进来，从而使民众有一个比较理想的、可以及时表达心声的机会。

在实践中，作为第三方评价的积极实践者，广东省财政厅对第三方机构的评价报告的质量给予了充分肯定，广东省财政厅（2012）认为，"通过吸收由专业人士组成的第三方评价机构，提高了财政支出绩效评价的公信力，推进了阳光理财；提高了财政支出绩效评价的民主性，推进了民主理财；提高了财政支出绩效评价的科学性，推进了科学理财。客观上对预算部门和用款单位形成了'倒逼'压力，使其更加注重预算过程的民主参与，更加注重提高资金使用绩效"。

（二）第三方机构绩效评价的缺点

1. 第三方机构专业的局限性。与政府部门的评价人员相比，第三方机构显然具有较好的专业背景，但评价工作是全方位的，不仅需要绩效评价的基本理论，还需要会计、审计以及与评价项目相关的专业知识，目前无论哪类第三方机构，其功能都显得过于单一，很难满足财政部门的需求。政府购买公共服务涉及财税、审计、法律、技术等多学科内容，涉及面广，是一项复杂程度高、难度较大的工作。而现有第三方机构存在专业人才数量少、专业机构规模小、整体实力较弱、评价水平参差不齐等不足。[1] 为了弥补自身功能单一的问题，我们一般考虑构建第三方评价的综合性矩阵团队，甚至将部分评价内容外包出去。但这种矩阵式结构或外包模式带来了合作方之间的基于委托代理关系可能伴生的道德风险问题和各方的协调配合与质量控制问题，以及委托方如何对这种复合结构进行监管的问题。[2]

2. 第三方机构和被评价方之间的信息不对称。所谓"巧妇难为无米之炊"，第三方机构需要被评价方提供客观翔实的评价资料，然后才可以从中得出高质量的评价结论，但在实际评价过程中，第三方获取数据却并不容易，这主要是因为：（1）被评价方的主观因素。评价结论对被评价方具有一定的利益影响，如对负责人问责、资金可能会终止、以后申请资金困难等。因此，被评价方可能会隐瞒于己不利的信息，或利用评价方的专业知识不足，刻意回避或歪解一些技术层面的不利数据。虽然有委托方的权威性约束，但委托方一般只是在幕后协调，并不参加具体的评价活动，这就使被评价方没有来自委托方的直接压力，即使委托方通过发文的方式强化第三方的权威性，但

---

① 刘穷志，苗高杰. 政府购买公共服务第三方评价机制：困境及对策［J］. 财政监督，2017（22）：5-9.

② 李文彬，黄怡茵. 基于逻辑模型的财政专项资金绩效评价的理论审视——以广东省人大委托第三方评价为例［J］，公共管理学报，2016（3）：111-124.

权威辐射力有限，阳奉阴违现象时有发生。（2）被评价方的非主观因素。被评价方虽愿意配合评价工作，但由于被评价方相关对接人员缺少绩效评价方面的专业知识，一些对评价有用的关键性资料可能被无意忽略，再加上"信息孤岛"现象的存在，导致资料不完整，甚至不一致，需要第三方花费大量的时间进行甄别和取证，这都延缓了评价的进度，影响了评价的效果。在实际工作中，第三方经常会由于无法获得需要的数据，或无法保证收集到的数据的可靠性，而不得不对选定的指标进行替换，这也影响了评价报告的质量。

3. 第三方的独立性不能完全得到保证。第三方可分为委托第三方和独立的第三方，在我国财政绩效评价中，独立的第三方由于很难得到被评价方的配合，评价难以操作，因此，第三方通常是委托第三方，有了委托和被委托的关系，经费就很难独立，其评价不可避免地受到委托方的影响，比如，评价方案的制定、发布评价通知等需获得委托方的认可，与被评价方的接洽需要委托方的配合，等等。第三方机构在多大程度上能够减少或排除体制的干扰，不仅取决于其本身的价值立场，还取决于很多深层次的制度和文化因素，如我国现有的民主化进程、绩效文化观的普及程度以及政府绩效数据的可得性与真实性等。①

4. 缺乏强有力的、规范第三方机构的法规。虽然我国很多省市已经制定了对第三方机构考核的机制及其退出的机制，例如，上海市出台了《第三方机构财政支出绩效评价工作质量评估办法》；北京市出台了《参与北京市财政支出绩效评价中介机构工作规范》和《参与北京市财政支出绩效评价中介机构考核办法》；福建省也于2010年印发《规范中介机构参与福建省财政支出绩效评价工作管理暂行办法》，明确了第三方机构的选取工作程序，以及质量监管和考核办法；广东省出台了三个"1"，即1规程＋1指南＋1指标，对第三方机构绩效评价的相关规范、操作和质量予以限定，但总体上说，由于绩效评价项目各种各样，这些针对第三方机构出台的质量监管考核措施无法针对项目进行细化，过于笼统，约束力不够。第三方机构出具的评价报告

① 卢扬帆，等. 财政支出绩效第三方评价：现状、矛盾及方向 [J]. 华南理工大学学报，2015（1）：87－93.

的质量更多还是依靠其社会责任感、价值观、事业感等道德层面的因素，有一定限度的伸缩空间。

五、其他主体

（一）人大及其常务委员会

委托代理理论（principal-agent theory）兴起于 20 世纪 30 年代，它是制度经济学中"契约理论"的重要内容，主要研究在利益冲突和信息不对称的环境下，委托人如何以最小的成本去设计一种有效激励代理人的契约和机制。在民选政府的运作中，公众、人大、政府之间存在着这种委托代理关系，公众通过纳税和承担政府公债等形式，成为财政资金的提供者和所有者。因此，公众从法理上说，有权决定政府的预算，但公众的身份是抽象的，且与政府相比，公众始终处于信息劣势，这导致公众与政府之间存在着代理风险问题，需要通过代议机构代表公众对政府进行监督和控制。朱大旗和何遐祥（2009）认为，西方议会在一切国家政治生活（包括财政）当中具有至尊的权威，并以控制财政为其核心使命。从西方发达国家的先进经验也可以看出，政府绩效评价工作往往由来自国家层面和地方层面的权力机关（立法机关），如国会、参议院、众议院等，或者由隶属于立法机关的审计署、财政委员会来推动实施，这在表面上看是推行政府绩效评价这种管理工具，但其背后深层的逻辑则是立法权对执法权（行政权）的监督。①

在我国，人大及其常委会是我国最高权力机关，《宪法》和《预算法》等法律赋予其审查、监督政府财政支出的权力，是审查批准财政预算、决算和监督预算执行的主体。2014 年出台的《预算法》第 49 条明确指出，总预算执行情况的审查结果报告中应对执行年度预算、改进预算管理、提高预算绩效、加强预算监督等提出意见和建议；第 79 条也指出，县级以上各级人民代表大会常务委员会以及乡、民族乡、镇人民代表大会对本级决算草案，重点要审查支出政策实施情况和重点支出、重大投资项目资金的使用及绩

---

① 尚虎平，雷于萱. 政府绩效评估：他国启示与引申 ［J］. 改革，2015（11）：66–76.

效情况。这就首次以法律形式把人大的"预算监督"提升到了"预算绩效监督"的高度，从而从法理上确认了人大可以当仁不让地成为预算绩效管理的主体。

1. 人大在预算绩效管理中的职责①。

（1）制定与完善法律。西方发达国家在绩效预算改革中基本都采用了法律先行的方式，并在实践中不断调整和完善相关法律体系，通过法律的完善，有效排除了改革的阻力。法制化是绩效预算改革成功的关键因素之一。制定法律法规是人大进行预算绩效审查和监督最基本的方式。人大作为我国的立法机关，承担着制定与完善相关的法律以规范预算绩效审查和监督工作的责任。目前，我国关于预算绩效评价的法律主要有《预算法》《监督法》《审计法》。但总体来说，我国还存在缺乏全面系统的预算绩效管理法律和法规体系、相关的制度和文件变更较为频繁、顶层设计不够清晰等问题。以《预算法》为例，关于预算绩效管理的规定仍然不够系统和完整，如未明确绩效问责、未明确对绩效信息公开的要求、预算分类对绩效管理支撑度不足等。

（2）问责和奖惩机制。作为权力机关，人大具有法律赋予的构建问责和奖惩机制的权力。根据"用钱必有效，无效必问责"的要求，人大要建立或者授权国务院制定部门预算、项目监管和干部任用奖惩相结合的全方位与多维度的问责制度。对于预算绩效评价结果达标的部门，财政部门可以考虑给予一定的预算审批优先权，预算绩效评价结果纳入对部门负责人的考核指标体系；而对于预算绩效评价结果未达标的部门，要考虑适当调减缺乏绩效的项目预算，对相关责任人也要有相应的追责机制。

（3）预算全过程监督。不论是事前、事中还是事后，人大都应起到审查监督作用。对于事前的编制环节，人大要参与从可行性、编制依据、预期结果角度进行论证，从而保证预算编制的科学化和合理化；对于事中的执行环节，人大可以随机抽查或者持续跟踪重大项目的实施进度和执行情况，从中发现问题并及时纠正；对于事后评价环节，人大可以参与对预算项目的预算绩效评价。

---

① 马海涛，等. 预算绩效管理理论与实践［M］. 北京：中国财政经济出版社，2019：307－311.

对于绩效评价管理，人大及其常委会有其自身的特殊优势：一方面是资源调动能力和组织协调能力。财政部门的问责权力远远不如法律所赋予人大的权力，人大对被评价对象有强有力的制约，而且人大能管理的对象和内容较广，因此，其资源调动能力和组织协调能力优势明显。另一方面是利益的超脱性。相对而言，人大地位及利益的超脱性使得其比其他主体更有可能关心资金分配的合理性问题。但在实践中，由于人大自身专业技术力量和人力资源不足，再加上时间紧迫，单纯依靠人大实施财政支出的绩效评价很困难。一般认为，财政部门牵头组织预算绩效评价而人大代表参与评价是可行的方式，或者是采取下面的模式。

2. "人大主导、财政部门协同、第三方实施"的绩效评价模式。考虑到预算绩效管理主体各自的特点，广东省创新性地探索出了"人大与民间机构以及政府部门协同"的多元主体的财政绩效评价体系。具体地说，就是"人大主导、财政部门协同、第三方实施"的绩效评价模式（见图3-1）。该模式获得了学界广泛的认可。在这一模式中，关联主体的角色定位较为清晰，分工明确。人大常委会作为评价主体，提出评价需求及目的，其内设机构财经委（预算工委）负责评价组织、监控过程、验收评价报告，财政与主管部门提供评价信息，第三方机构受托实施评价，专业人士和公众作为评议主体参与评价和表达意见。这种组织模式有明显的优势：人大的权威性对财政和主管部门有所制衡，并可以推动评价顶层设计和技术标准完善；第三方机构可以借助人大的权威性，获得财政和主管部门更好的配合，也可以无须基于各种顾虑，选择性地掩饰财政支出政策本身可能存在的问题，从而从根本上克服内部评价双重角色的矛盾。

（二）党委和政府

政府预算是政府的基本财政收支计划，即经法定程序批准的政府年度财政收支计划。政府预算本质上反映了政府的施政方针和社会经济政策，反映各级政府的职能和工作方向。预算绩效是衡量政府绩效的主要指标之一，本质上反映的是各级政府、各部门的工作绩效。① 因此，为保证预算绩效管理

---

① 马海涛，等. 预算绩效管理理论与实践 ［M］. 北京：中国财政经济出版社，2019：55.

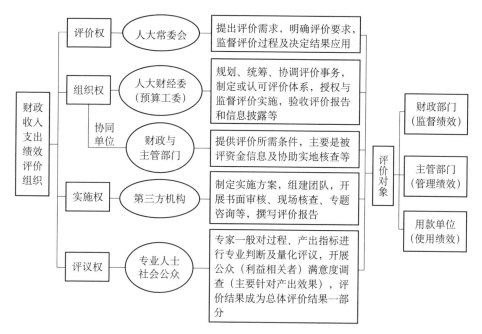

图 3-1 人大作为评价主体的财政支出绩效评价组织模式

资料来源：郑方辉，等．财政绩效评价：理念、体系与实践［J］．中国社会科学，2017（4）：84-108.

工作的权威性和执行力，党委和政府需要承担起重要的领导作用，主要是发挥好统筹指导、约束激励的作用。

1. 统筹指导。《关于全面实施预算绩效管理的意见》明确指出"地方各级政府是预算绩效管理的责任主体。地方各级党委和政府主要负责同志对本地区预算绩效管理负责"。地方政府主要负责宏观的统筹和指导工作，例如，明确本地区预算绩效管理工作的指导思想、基本原则、重点任务等，推动出台绩效管理工作的规划，依靠政府的权威性推动各主体协同和配合工作，及时解决绩效工作中的困难，给予针对性指导。

2. 约束和激励。建立绩效管理的约束和激励机制是预算绩效管理改革顺利有效推进的重要保证。党委和政府在其中的主要职责体现在两个方面：一是绩效考核。《关于全面实施绩效管理的意见》中明确要求，"各级政府要将预算绩效结果纳入政府绩效和干部绩效考核体系，作为领导干部选拔任用、公务员考核的重要参考，充分调动各地区各部门履职尽责和干事创业的积极性"。各级党委、政府要在政府层面形成预算绩效管理的奖惩激励机制。例如，北京市政府明确指出，要从基础建设、绩效目标管理、绩效跟踪、绩效评价、结果应用和管理创新六个方面对下属区县开展预算绩效管理工作的情况进行考核，结果作为考核领导班子职责绩效的重要依据。① 二是编制绩效预算。各级政府开展预算支出绩效评价是《预算法》的要求，《预算法》还要求，"各级预算应当根据年度经济社会发展目标、国家宏观调控主体总体要求和跨年度预算平衡的需要，参考上一年预算执行情况、有关支出绩效评价结果和本年度收支预测，按照规定程序征求各方面意见后进行编制。"

3. 督查考核。各级党委、政府有责任督查预算绩效管理工作，及时发现问题，并制定整改意见，监督意见的落实情况，通过事中的纠偏工作，可以及时对财政专项资金的不当使用进行调整，从而避免资金的浪费。

六、部门预算绩效管理组织模式的评述及第三方独立性的思考

考虑到部门预算绩效管理主体都有各自的优势和局限性，预算绩效管理实际工作可以考虑地方实际特点，选取不同的组织模式。在不同的组织模式下，其管理权、组织权、实施权和被评对象都有所不同，表3－1系统总结了预算绩效管理几种主要组织模式的特点。

表3－1　　　　　　　　预算绩效管理几种主要组织模式的特点

组织模式	管理权	组织权	实施权	被评对象	特点和约束
财政部门主导	上级政府	财政部门（预算主管部门协同）	财政部门（内设机构）或第三方	预算主管部门、用款单位	组织效力较强，关注合规性和资金使用绩效，但专业性和公信力不足
独立的第三方	独立的第三方	独立的第三方	独立的第三方	政府部门、用款单位	专业性和公信力强，但对主客体和环境要求高，目前难以操作

① 马海涛，等. 预算绩效管理理论与实践［M］. 北京：中国财政经济出版社，2019：279.

组织模式	管理权	组织权	实施权	被评对象	特点和约束
预算主管部门	上级或本级主管部门	本级主管部门（内设机构）	本级主管部门（内设机构）或第三方	下级主管部门、用款单位	系统内自我管理，对上负责，强化执行力和合规性，但公信力不足
人大主导	人大常委会	人大财经委（预算工委），财政和预算主管部门协同	独立的第三方	财政部门、预算主管单位、用款单位	合乎体制，兼具组织效力和公信力，同时关注资金管理、监督和使用绩效，可行度高

资料来源：卢扬帆、尚虎平. 财政领域全面实施绩效管理的权责关系与定位［J］. 中国行政管理，2018（4）：27–32.

从表 3–1 可以看出，不管是财政部门主导，还是人大等监督机构主导，或是预算主管部门和用款单位主导，为了保证报告的客观性，独立的第三方都是理想的实施主体，正如郑方辉、毕紫薇（2009）所指出的那样，"从公民导向的逻辑源头来看，服务型政府必然为绩效型政府，由第三方独立评价我国地方政府绩效是建设服务型政府内在的要求"。

独立性是第三方的生命力，没有了独立性，第三方机构就会沦为政府的代言人，预算绩效管理也就失去了意义，也没有存在的必要了。因此，如何保持第三方评价报告的质量，特别是如何保证第三方的独立性，是绩效评价成功推动下去的关键。为保证第三方的独立性、保证评价报告的质量，我们认为可以借鉴国内外引入第三方评价的成功经验，从以下几方面入手。

（一）对第三方报告的监理机制

为了保证第三方评价报告的质量，政府要加强对第三方评价各个环节的监督，避免出现评价过于主观随意的现象，保证评价过程的客观公正。在实践中，财政部门可以考虑另行组织专家或者委托另一个第三方机构对担任评价"第三方"的科学性和规范性进行监督与审核。例如，福建省财政厅在《规范中介机构参与福建省财政支出绩效评价工作管理暂行办法》中要求，组织有关专家对受托的第三方中介机构出具的评价报告按照既定的标准进行审核，审核等级分为"优秀""良好""合格""不合格"，审核结果作为该中介机构的动态管理记录记入中介机构库。对于评价报告中存在与真实情况不符、依据不可靠、数据不实、结论模糊等问题，福建省财政厅责成中介机构在规定时限内改正，情节严重的可以从绩效评价中介机构库中剔除。该办法还要求，"应保证评价结果的真实性，并对其做出的评价结论承担相应的法律责任"。地方政府在实践工作中，已经尝试通过对第三方出具的报告进行考核和评审机制，审核结果可以与第三方的费用挂钩。这种监理机制、动态的竞争机制以及物质和法律约束使第三方机构不会将预算绩效报告做成"只汇报成绩不提问题"、皆大欢喜的形式，而是客观、公正、有理有据地报告。

（二）随机抽取、现场评价和网上公布相结合

根据广东省财政厅的经验，为保证第三方报告资料的真实性，同时又不增加过重的审核负担，财政部门可以根据项目属性、区域分布、资金额度大小、书面评审结果优劣等因素，按照一定比率随机选取评价对象分批进行现场核查，主要采取现场座谈会、答辩会、核查与资金使用和评价相关的资料、实地查看资金使用情况等方式进行，必要时也可以使用大数据、网页文本挖掘与分析、图像分析和机器学习等 AI 技术，对评价报告中的资料进行确认。

另外，利用媒体资源、网络资源，再配合公众的力量，实现外部监督的方式也可以考虑。而要实现这种外部监督的方式，预算绩效信息公开是必要的手段。《关于全面实施预算绩效管理的意见》中明确指出，"各级财政部门要推进绩效信息公开，重要绩效目标、绩效评价结果要与预决算草案同步报送同级人大、同步向社会主动公开，搭建社会公众参与绩效管理的途径和平台，自觉接受人大和社会各界监督。"有观点认为，为保证评价的客观性，第三方机构在评价过程中，大到评价结果的发布，小到评价方法的选择、评价过程中的细节，都要通过互联网、微信、微博等其他工具及时完整地公之于众，接受公众监督，保证公众可以随时反馈和建议。这与 2019 年国务院修订的《中华人民共和国政府信息公开条例》规定的"行政机关应当及时、准确地公开政府信息"的要求相一致。①我们认为，我国预算绩效管理应尽快加

---

① 但在实际中，绝大部分省份并没有公开绩效评价的完整报告，导致公众对评价报告的科学性和公正性产生质疑。

强法治建设，预算绩效管理信息应依法公开，涉及部门单位机密的，该保密还是要保密。

（三）公开透明的招投标程序

为了保证第三方评价报告的质量，通过招投标方式选取第三方也是一种可行的方式。例如，广东省财政厅采用了"公开邀标"的形式，程序简明严谨，主要包括三个程序：首先，明确评价主体，根据经验和资质初选出入选的第三方；其次，确定招标需求，结合有关专项资金的具体特点，制定详细的招标需求，在招标文件中明确对中介机构提交的第三方评价方案的完善程度、评价指标体系和标准的科学性、评价人员的专业性程度、保密纪律等方面的要求，并进行综合评价，择优选定第三方机构；最后，实施邀请招标。[①]这种公开透明的招投标程序，保证了入选第三方机构的专业水平和客观性。

（四）多渠道的资金来源

第三方评价活动中的经费来源渠道单一，主要依赖政府的资金拨付，经济上无法独立，因而第三方机构或多或少受到委托方的影响，从而造成独立性的缺失。为保证经济上的独立性，美国等西方发达国家的很多评价机构，如坎贝尔研究所，会借助各类基金会的资助开展评价活动，与政府没有直接的利益关系，不会受到政府的干扰，从而可以实现评价的客观和公正。兰州大学中国地方政府绩效评价中心也借鉴这种思想，探索出了"兰州模式"，其中心的运作不仅得到了有关科研基金和包括甘肃省在内的地方政府的资助，还得到中国行政管理学会等相关组织的支持。"兰州模式"在甘肃省的试行取得了良好的效果，这是我国政府评价模式的又一创新。

（五）政府领导意识的转变和对第三方评价的支持

预算绩效管理改革特别需要地方政府、部门单位领导的大力支持。领导要真正树立起预算绩效意识，要有行政效率和行政效能相结合的预算绩效管理思想，主动营造单位预算绩效文化。但是，在一些地方，预算绩效评价还

---

① 广东省财政厅. 引入第三方独立评价财政支出绩效［J］. 中国财政，2012（6）：52－53.

处于事物发展初期，一些领导把预算绩效评价当成了一种工作任务，甚至是一种额外的管理负担，认为预算绩效管理只是走过场，用来应付检查而已，对第三方评价重视程度很不够，配合度不高。吴建南等（2011）利用德尔菲法得出的结果显示，学术专家对于政府而言毕竟是"局外人"，政府对学术专家有着"本能的排斥"。再加上信息的不对称，政府会认为，学术专家获得的绩效信息不一定比政府内部自己的机构获得的信息准确，因此，政府对学术专家并不十分信任。① 事实上，只有领导的强力推动，第三方机构才会获得更多的实际支持，而不是处于"要数据没数据，要配合没配合"的尴尬局面。值得欣喜的是，这种情况正在明显改变，在从事预算绩效实际工作的过程中，我们可以明显感受到地方领导对预算绩效工作的日益重视，并发现一些部门单位能积极配合。

（六）业务素质过硬的第三方队伍

第三方机构的理论水平、专业技术和实践经验对预算绩效评价报告的质量非常重要。但目前我国的第三方评价机构不论从规模、数量还是专业上来讲都有较大问题。目前，影响力大、公信力高的第三方评价机构很缺乏，大多数第三方机构都是刚介入预算绩效管理领域不久，例如，会计师或审计师事务所从事预算绩效评价的人员习惯将重点放在资金使用合规性的审查，其评价与财务审计差异不大，一定程度上模糊了预算绩效评价与财务审计的差异性。兰州试验的模式值得我们借鉴，即为了提高专业化水平，需要拓宽评价主体范围。评议主体中除了有来自企业界接受公共服务的"顾客"代表，又有来自学术界的专家委员会委员，以及由省政府工作人员组织成的政府评价组，多元化评价提高了评价的全面性、公正性。②

关于第三方评价在预算绩效评价中的作用和地位，尚虎平和王春婷（2016）认为：（1）政府绩效评价的根本目标在于用科学、合用的方法测评出政府公共受托责任实现的程度，就此目标而言，所有合适的方法都应该接

---

① 吴建南，等. 地方政府绩效评估中的利益相关者与绩效数据——基于德尔菲法的研究［J］. 华东经济管理，2011（4）：152 – 157.

② 余梦. 我国第三方政府绩效评估的独立性研究［D］. 成都：西南财经大学，2009：43.

受，不能因为政府高层强调"第三方评价"就否认过去的成熟做法。就我国的实践来看，各地探索出的效能建设、效能监察、万人评议政府、网上评价政府、领导班子绩效评价等政府绩效评价模式，都是我国地方政府在中国管理情境下的管理创新，并都取得了很好的效果，不能草率地弃之不用。（2）政府内部的绩效评价仍然很重要。任何一种组织在运行过程中都有着"内控"功能，从而实现了"自我保健"功能。西方国家的经验表明，广泛推行由内部发起、每年至少进行一次的"自我评价"式绩效评价是非常必要的。但为了保证评价的客观性，评价实施工作应吸收大量的体制外专家、评价发起单位与被评价单位人员参与。这是一种典型的融合"第三方评价"、内部评价、360°评价于一体的综合性评价模式。①

　　综上所述，不同的部门预算绩效管理主体都有其自身的优势和局限性，互相补充和配合应是理想的解决方式，因此，我们赞同郑方辉、马海涛、吴建楠、卢扬帆、卓越等学者的观点，即预算绩效管理的行为者是一个多主体、全方位、多层面的立体机构。但不论哪一主体主导，第三方参与预算绩效管理是趋势，其在预算绩效管理中将发挥出越来越重要的作用，中西方的成功实践案例也证明了其可行性。但第三方机构在预算绩效管理中还存在亟须改进的地方，特别是独立性不足的问题，因此，如何保证第三方报告的质量、保证其独立性是预算绩效管理研究的重要课题。

---

① 尚虎平，王春婷. 政府绩效评估中"第三方评估"的适用范围与限度 [J]. 理论探讨，2016
（3）：12 – 18.

第四章　中国部门预算绩效管理的历史、现状与困难

一、中国部门预算绩效管理的历史与现状

(一) 历史发展

自 2003 年党的十六届三中全会提出"建立预算绩效评价体系"以来，我国部门预算绩效管理大体上经历了从预算绩效评价向预算绩效管理延伸发展、从部门项目预算绩效管理向部门政策和部门整体预算绩效管理发展的轨迹。2019 年 9 月 9 日，习近平总书记在中央深改委第十次会议上强调"落实党的十八届三中全会以来中央确定的各项改革任务，前期重点是夯基垒台、立柱架梁，中期重点在全面推进、积厚成势，现在要把着力点放到加强系统集成、协同高效上来"。部门预算绩效管理的发展通过中央和地方不断对构建预算绩效管理体系进行探索，经历了由点到面、从局部的"摸着石头过河"向"系统集成、协同高效"的演变历程。财政部门从预算支出的绩效评价为切入点，对项目支出、部门整体支出、县级财政支出管理绩效、省级财政管理绩效、财政政策绩效等方面开展了绩效评价的实践，并在评价的基础上逐渐建立预算绩效管理机制。部门预算管理的发展历程经历了以下三个阶段。

1. 预算绩效评价体系建立阶段 (2003~2011 年)。2000 年我国开始了部门预算制度改革，2003 年党的十六届三中全会提出"建立预算绩效评价体系"，开始了项目和部门预算绩效评价试点。《中央经济建设部门部门预算绩效考评管理办法 (试行)》《中央部门预算支出绩效考评管理办法 (试行)》《中央级教科文部门项目绩效考评管理办法》《财政支出绩效评价管理暂行办

法》《财政支出绩效评价管理暂行办法》等文件相继出台。这一阶段初步构建了开展预算绩效评价的框架，作为这一阶段的政策落点，2013 年财政部印发了《预算绩效评价共性指标体系框架》。

2. 预算绩效管理试点阶段（2011 ~ 2017 年）。2011 年国务院建立了监察部牵头的政府绩效管理工作部际联席会议制度。同年 4 月，国务院召开第一次政府绩效管理工作部际联席会议，决定在北京、吉林、福建、广西、杭州、深圳等地开展地方政府绩效管理试点；国土资源部、农业部、质检总局进行国务院机构绩效管理试点；国家发改委、环境保护部进行节能减排专项工作绩效管理试点；财政部进行财政预算资金绩效管理试点。同年 7 月，财政部发布了《关于推进预算绩效管理的指导意见》。随后财政部印发《预算绩效管理工作规划（2012 - 2015 年）》，推动了预算绩效管理"五有体系"的形成，预算绩效从评价延伸为管理。

2014 年 8 月 31 日新修订的《预算法》正式从法律角度要求，预算管理要讲求绩效。该法第 12 条规定：各级预算应当遵循统筹兼顾、勤俭节约、量力而行、讲求绩效和收支平衡的原则。这就提高了预算绩效在财政预决算管理中的地位，对提高预算公共资金使用效益具有十分重要的现实意义。预算绩效管理是预算管理上的突破性变革，改革目标是把预算管理模式从财政支出单纯的"控制"型转向"结果导向"型，其基本特征是围绕预算绩效目标对预算编制和预算执行实施管理，既讲求支出合规性控制，又追求财政资金"投入—产出—效益"的最大化。

3. 预算绩效新时代（2017 年至今）。随着新《预算法》的实施，"讲求绩效"成为预算的原则之一。2017 年党的十九大提出了"建立全面规范透明、标准科学、约束有力的预算制度，全面实施绩效管理"。2018 年 9 月，《关于全面实施预算绩效管理的意见》明确要求"实施部门和单位预算绩效管理"，提出用 3 ~ 5 年的时间基本建成"全方位、全过程、全覆盖"的预算绩效管理体系目标，对全面实施预算绩效管理提出了要求。随后《财政部关于贯彻落实〈中共中央 国务院关于全面实施预算绩效管理的意见〉的通知》要求："逐步推动预算部门和单位开展整体绩效自评，提高部门履职效能和公共服务供给质量。积极推动预算绩效管理实施对象从政策和项目预算向部门和单位预算、政府预算拓展；探索建立部门和单位预算整体绩效报告制度。"上述文件表明，我国进入了部门负责实施部门预算绩效管理的新时代。

（二）中央、省、市、县各层面现状

近年来，我国部门预算绩效管理在全面实施预算绩效管理的总体部署下，形成了"全过程中多点突破、锐意创新"的有利局面。2015 年财政部研究制订了《预算绩效管理工作规划（2012－2015）》，为中央和地方的改革推进提供了行动指南。目前，我国预算绩效管理在组织机构上建立了"以预算部门为责任主体、预算单位的主管部门为管理主体、财政部门及各级人大为监督主体"的组织模式，为预算绩效管理的实施提供了组织保障，同时，逐步完善绩效目标制定、绩效监测、绩效评价以及结果应用的预算绩效管理过程，抓住绩效管理实施的关键环节，不断扩大绩效评价范围，从最初的选择部分项目开展试点，到后期逐步扩大纳入绩效目标管理的财政项目资金比例，到2016 年最终实现了中央部门绩效目标申报、绩效监控和绩效自评全覆盖。随着我国预算绩效管理工作不断深入，"预算编制有目标，预算执行有监控，执行完成有评价，评价结果有反馈，反馈结果有应用"的"五有"机制已经初步建立起来。

1. 中央、省、市、县"部门预算编制有目标"的实施进展情况各有不同。目前，中央和省级层面的预算绩效管理改革先走一步，部门预算编制有绩效目标较为普遍。市和县还处在项目和政策预算绩效管理阶段，甚至一些县在项目和政策的预算绩效管理还仅仅是开始。由于我国预算绩效管理还处于初期阶段，相关的理论探讨相对薄弱，部门预算绩效目标编制的合理性、科学性仍然有不少问题。实践中，一些地方进行积极探索，预算单位根据本部门单位年度计划、单位职能和中期发展规划等编报部门预算绩效目标和项目支出的具体目标，报财政部门业务科室审核。比如，河北省、广东省、北京市等地尝试建立了"部门职责—工作活动—预算项目"三级预算体系和与之对应的三级目标管理体系，实现了部门整体绩效目标与预算项目目标之间的层级分级和勾稽衔接体系。

部门预算绩效目标的编制除了要满足第一章所说的"价值标准"，还要注意一些"技术标准"。比如：（1）绩效目标指向明确，重要且关键。绩效目标符合国民经济和社会发展规划、部门职能及事业发展规划，并与相应的财政支出范围、方向、效益和效果紧密相关。绩效指标应当优先使用最具代表性、最能反映绩效目标真实情况的关键指标。（2）绩效目标要细化、量化，定性的要具体、可行。绩效目标以定量表述为主，从数量、质量、成本和时效等方面来体现，不能以量化形式表述的，可采用分级分档的形式定性表述，并具有可测量性。定量指标应同时列明计算公式。定性指标应具体明确、可考评。（3）绩效目标要合理、可行，要与资金额度相应、匹配。设定的绩效目标要经过调查研究和科学论证，符合客观实际，确保在一定期限内如期实现，还要与年度的任务数或计划数相对应，与预算编制确定的投资额或资金量相匹配，原则上"就高不就低"。绩效目标设置过低或过高，直接影响绩效评价结果。

2. 中央、省、市、县"预算执行有监控"的实施进展情况。2019 年 7月 26 日，为加强中央部门预算绩效运行监控（以下简称绩效监控）管理，提高预算执行效率和资金使用效益，财政部出台了《中央部门预算绩效运行监控管理暂行办法》，提出"绩效监控按照'全面覆盖、突出重点，权责对等、约束有力，结果运用、及时纠偏'的原则"。

一些地方积极探索预算执行监控的地方经验，比如，云南省财政厅完善跟踪机制、提高监控要求，在稳步提升中央直达资金监控系统数据质量的基础上，建立健全直达资金电子台账或纸质台账，完整归集直达资金使用管理过程中产生的指标文件、支付凭据、项目资料、最终收款人信息等；通过台账有效实施跟踪监控、全程管理，保持与项目主管部门台账资料的一致性，做到账表相符、账账相符、系统台账相符；理清直达资金来源去向，确保每一笔直达资金流向明确、使用合规，杜绝"一分了之、一拨了之"；通过系统预警、主动排查、上级提示、外部监督等方式，及时发现直达资金使用过程中出现的问题，坚持问题导向，通过电话提醒、发关注函、约谈警告、提请问责等形式，推动立行立改、举一反三、完善提升，不折不扣用好、管好直达资金；建立直达资金常态化、制度化的追踪分析机制，依托直达资金监控系统不断完善直达资金常态化的追踪分析机制，每月 20 日提取全省直达资金分配、下达和支出数据，分地区、分资金项目逐项开展追踪分析，对支出进度慢和项目绩效差的州、市以及县、市进行通报，总结推广各地在直达资金使用管理过程中探索出的有效经验、做法和典型案例，强化对下指导，推动在省、市、县三级构建"横向到边、纵向到底"的直达资金常态化追踪分析机制。①

广州市财政局推进整体与项目相结合、支出进度与任务相结合、自行监控和重点监控相结合、预算调整与预警相结合等措施，探索构建"1＋1＋X"的部门整体监控体系。具体做法如下：（1）建立以部门监控为基础、紧盯重点项目的监控机制，对部门整体支出和重点项目支出同时实施监控，提高绩效监控的针对性和有效性。（2）将支出进度与任务相结合，细化部门整体监控内容。即将部门整体支出进度和部门主要任务的绩效实施情况作为监控重点，要求对监控部门的部门整体支出、重点项目支出、若干关联任务支出项目的支出执行进度、支出均衡性、任务关键性绩效指标的实施情况进行详细说明；通过对绩效目标实现程度和支出进度实行双监控，防止绩效目标跑偏、预算资金脱靶，确保绩效目标顺利实现。（3）预算部门与机构相结合，形成部门整体监控合力。部门整体监控采取预算部门自行监控和财政部门重点监控相结合的方式，财政部门重点监控委托第三方机构实施。预算部门对本部门绩效运行实施全方位监控，全程监控部门整体支出情况及绩效目标实现程度，对偏离绩效目标的情况及时采取纠偏措施；市财政局委托第三方机构通过数据信息收集、整理、审核、综合分析等方式，对预算部门自行监控的情况进行汇总、核实，对于发现的问题和风险，督促预算部门及时采取措施予以纠正。（4）预算调整与预警相结合，强化整体监控结果应用。针对部门整体监控实际情况，监控体系强化监控结果的预警和预算调整功能。对监控中发现的部门管理漏洞和绩效目标偏差，监控体系及时进行预警，要求预算部门分析原因并采取相应措施予以纠正，优化绩效目标实现路径，促进绩效目标如期实现；市财政局将部门整体监控结果反馈给预算部门，督促其针对监控过程中发现的问题，制定切实可行的整改措施，并将部门整体监控结果作为以后年度预算编制和政策制定的重要参考依据。②

贵阳市花溪区财政局采取多项措施积极稳妥地推进预算执行动态监控体

① 云南省财政厅. 完善跟踪机制提高监控要求 用好直达资金确保惠企利民 ——云南财政严控直达资金使用管理 ［EB/OL］. http：//czt. yn. gov. cn/news_ des. html？id＝1598856122975711433.

② 广州财政. 市财政局"四结合"探索构建部门整体绩效监控新模式 ［EB/OL］. https：//www. sohu. com/a/235173177_ 394932.

系工作。其拟订了《花溪区区级预算执行动态监控工作方案》（试行），成立了区本级预算执行动态监控工作领导小组和工作实施小组，严格按照工作时限和工作要求推进各项工作，设置相应监控规则；依托预算执行一体化系统平台动态监控功能模块，对财政资金支付各环节进行全程实时监控，及时发现和纠正预算执行偏差，此外，监控体系还加强部门联动，扩大动态监控范围。区财政局与预算单位、代理银行建立监控工作互动机制，加强预算执行动态监控管理，并聚焦主要监控事项，扩大动态监控范围，采取电话核查、实地核查、重点核查、信息反馈等方式开展核查，并形成监控信息报告机制，及时将监控核查情况通知各方，进行综合分析和及时反馈，促进预算执行更加科学规范，提高了财政资金使用的安全性、有效性和规范性。①

3. 中央、省、市、县"预算执行完成有评价"的实施进展情况。系统、科学的预算绩效评价指标的建立是保障预算绩效评价质量的基础，而使用具有共性的评价指标体系，有利于增强预算绩效评价结果的实用性、可比性。《关于全面实施预算绩效管理的意见》也强调评价指标的重要性，提出要建立兼顾定量和定性原则的共性绩效指标体系，加快建设适用于各行业的核心绩效指标和标准体系。

从中央到地方，对"预算执行完成有评价"都积极探索评价指标体系的构建。财政部预算评审中心探索形成了"履职效能、管理效率、社会效应和可持续性"的四维度部门整体支出绩效评价指标体系。财政部已要求中央部门的全部一级、二级项目编报预算绩效目标，并且逐一审查考核了本级2024个一级项目以及93个对地方专项转移支付项目的绩效目标和指标，初步形成了较为规范的评价指标体系。

近年来，根据中央要求和各地的实际需要，地方财政部门加快推进共性指标体系的建设，并取得了一定的成效。广东省作为开展部门预算绩效管理工作较为先进的省份，探索形成了"预算编制、预算管理和预算使用效益"的三维度部门整体支出绩效评价体系。广东省财政厅于2018年印发了《关于印发〈广东省财政预算绩效指标库〉和〈广东省财政预算绩效指标库暂行办

---

① 杨静. 花溪：多措并举对预算执行情况进行动态监控管理［EB/OL］. http://gy. gog. cn/sys-tem/2017/12/12/016281487. shtml? from = groupmessage&isappinstalled = 0.

法〉的通知》。该指标库在设立时考虑了多项因素，包括政府收支分类科目的设置、各部门主要的工作职能以及专项资金的使用方向和情况等。因此，该指标库设置了涵盖通用类指标和行业类指标的 20 个大类指标。广东省财政预算绩效指标库的建立使评价指标选取更快速、使用方法更清晰。该指标库的使用对评价标准的统一和评价工作效率的提升发挥了积极作用，是地区绩效管理工作迈出的重要一步。

北京市建立了市级部门预算管理综合考核指标体系和将各区预算绩效管理工作考核纳入政府绩效考核的机制。浙江省探索建立了融合行政绩效和预算绩效的"一个部门一套指标"体系，建立了与部门整体绩效挂钩的预算总额包干机制。河南鹤壁市形成了部门主管行业的"ABCD"指标体系，即"A. 投入类、B. 产出与结果类、C. 能力类、D. 满意率类指标"。

但是，目前我国尚未形成统一、科学的财政绩效评价指标体系。地方各级政府制定共性绩效预算评价指标体系的工作步调不一。多数省级、地市级政府部门仍从自身便利出发，使用自主设定的绩效评价体系。各地在指标种类、权重设计等方面都有较大差异。由此造成的评价指标设置不尽科学、评价标准不尽统一等问题影响了绩效评价结果的客观性及公正性，影响了评价结果的有效应用。在实际工作中，地方财政部门由于缺乏绩效评价经验，或是受评价资金投入不足等因素的限制，将不同项目打包进行绩效评价的现象时有发生。项目评价级次选择不当，导致得出的绩效评价结果缺乏准确性和针对性，从而影响后续决策的科学性。部门整体绩效评价在省级层面的实践较为普遍，市级层面的实践还在探索阶段，而县级层面的实践较少。

4. 中央、省、市、县"预算评价结果有反馈"的实施进展情况。《关于全面实施预算绩效管理的意见》明确提出："通过自评和外部评价相结合的方式，对预算执行情况开展绩效评价……健全预算绩效评价结果反馈制度和预算绩效管理问题整改责任制，加强预算绩效评价结果的应用。"这为各级地方政府进一步推进预算绩效评价结果反馈和应用的制度建设提供了依据。

预算绩效评价结果有反馈目前主要体现在预算绩效评价结果公开制度的实施。预算绩效评价结果公开有利于打破行政管理的封闭性，打造透明预算，从而使各利益相关方了解预算资金使用的安全性、效益性，并发挥其监督作用。目前，各级政府预算绩效评价结果的公开情况有显著进步，公开范围也逐渐扩大。目前地方政府预算绩效评价结果应用与公开主要有以下几种表现形式。

第一，将评价结果反馈给被评价单位和财政部门预算管理科室，财政部门督促被评价单位结合评价意见、建议认真整改，并积极与编制下一年度部门预算有机衔接，有效利用评价结果。例如，青岛市、张家界市、苏州市吴江区、江西省南城县财政局采取"面对面"或"一对一"的方式反馈绩效评价结果，使预算单位充分认识到工作中存在的主要问题，并为其今后的整改指明了方向。

第二，将预算绩效目标、预算绩效评价结果与预决算草案同步报送同级人大，向社会主动公开预算绩效评价结果信息，自觉接受社会各界的监督。2016 年，财政部在中央财政决算参阅资料中加入了"师范生免费教育""草原生态保护补助奖励"等 5 个支出项目和政策的预算绩效评价报告，并提交全国人大常委会。云南省楚雄州人民政府在关于全面实施预算绩效管理的实施意见中提出"要建立健全绩效评价结果信息公开机制，向同级人大报送重要绩效目标、绩效评价结果，并依法予以公开。要建立健全绩效评价结果与预算安排和政策调整挂钩机制，对绩效一般和差的政策、项目，扣减下年度部门项目预算资金或不再安排预算资金，实现绩效评价结果与预算安排、完善管理、预决算信息公开的有机结合"①。锡林郭勒盟在全面实施预算绩效管理的实施意见中明确提出"各部门各单位要将绩效目标设置和实现情况、绩效评价结果等绩效信息定期向同级政府报告。各级财政部门要将年度重要预算绩效目标、绩效评价结果与预决算草案同步报送同级人大，部门、单位将绩效信息通过门户网站向社会主动公开，自觉接受社会监督"②。

《关于全面实施预算绩效管理的意见》强调，应该对新出台的重大政策、项目开展事前预算绩效评估，并且评估结果应该作为预算申请的必要条件，在开展相应的工作时，可以启用第三方机构，在独立原则的基础上对相应政策和项目开展绩效评估工作，并将其结果与预算安排工作相结合。根据中央

---

① 南华县人民政府．楚雄州人民政府关于全面实施预算绩效管理的实施意见 [EB/OL]．http：//www. ynnh. gov. cn/file_ read. aspx？id＝24747.

② 乌拉盖管理区管理委员会．锡林郭勒盟全面实施预算绩效管理的实施意见 [EB/OL]．http：//www. wlgglq. gov. cn/xwzx/zzqxx/202007/t20200721_ 2465006. html.

的要求，多个省份切实开展了相应的工作，将预算绩效评估结果与新项目的设立挂钩，作为申请预算的必要条件，并且以预算绩效评估结果为依据对项目预算进行调整，压缩或取消低效、无效项目。例如，湖北省荆州市在省级财政部门的指导下，按照本地的实际需求，建立项目库，并且将事前预算绩效评估结果应用于项目库的建设中。在项目入库前，选取相关专家采用打分制对项目进行评审，分数低的项目和未经评审的项目直接淘汰。2018 年，荆州市有 907 个项目纳入预算，比项目库运行前减少 393 个项目，项目支出总额下降 8%。项目库的建立真正将事前绩效评估结果运用于项目支出预算中，改变了原有部门预算编制中存在的立项随意、支出粗放、效益低下的问题，具有一定的借鉴意义。①

财政部《地方预决算公开操作规程》第 22 条规定："自 2017 年起，地方各级财政部门应当在本级政府或财政部门门户网站上设立预决算公开统一平台（或专栏），将政府预决算、部门预决算在平台（或专栏）上集中公开。在统一平台公开政府预决算、部门预决算，应当编制目录，对公开内容进行分类、分级，方便公众查阅和监督。"省、自治区、直辖市建立的预决算公开平台（专栏）并没有一个统一标准，甚至部分部门的部门预决算平台打不开或者没有数据。

总体上看，省级部门信息公开程度普遍优于市级部门。例如，有的省财政厅通过召开新闻发布会、预算绩效工作座谈会以及利用各相关机构门户网站，把自评价、重点评价以及再评价的相关结果主动公开，自觉地让社会各界了解相关预算绩效评价结果，接受大众对其工作的监督。而省以下的市、县，信息公开程度与省级部门存在较大差距。有的市、县中，只有部分部门或单位公开预算绩效评价信息，有些机构甚至还未开展相应的预算绩效评价工作。

此外，还存在绩效评价结果选择性公开问题，这一问题主要集中在市、县级层面。相当一部分的部门或单位只公开部分重点评价项目的结果，未公开自评价的结果。部分部门或单位还存在着"报喜不报忧"的现象，只公开评价结果较好的报告内容。显然，预算绩效评价结果信息公开的数量和质量

---

① 陈志勇，等. 部门预算绩效评价结果应用：现状与展望［J］. 财政监督，2019（24）.

还有待提高。

预算绩效评价结果的公开还存在着社会参与度不高的问题。相关领导、学者对预算绩效评价结果的应用情况比较关注，而社会公众对该问题的关注度并不高，参与意识和监督意识较为淡薄，来自社会公众的问询、质询、讨论、辩论还不多见。

5. 中央、省、市、县"预算绩效评价反馈结果有应用"的实施进展情况。从财政支出绩效评价结果的应用现状以及各绩效评价主体的实践情况来看，财政支出绩效评价结果应用主要围绕三个方面展开，即与预算资金建立联系、实施绩效问责及改进预算绩效管理水平。

（1）预算绩效评价结果与预算资金安排建立联系。从全国范围来看，除了北京市关于绩效评价结果与下一年度预算安排有具体扣减分值规定外，其他省份仍处于初级探索阶段。例如，青海省提出建立绩效评价信息库，将绩效评价结果纳入部门预算管理系统，直接为安排以后年度部门预算提供参考。湖北省 2016 年度绩效管理考核中，尽管省委宣传部、省委政法委等 108 个部门在项目评价结果与预算资金分配上做了积极探索，但是仍有部分部门未建立绩效评价结果与预算安排相结合的机制。2016 年，洪湖市为在部门预算编制中落实预算法定职责，根据新《预算法》的规定出台了《洪湖市预算绩效目标管理办法》，要求各部门在编制 2017 年预算时须参考 2015 年的绩效评价结果。但由于预算绩效管理体系的复杂性以及预算管理体制的限制，绩效评价结果很难与预算资金安排直接挂钩。

（2）实施绩效问责。将财政支出绩效评价结果与问责机制相结合，建立约谈、诫勉等机制，对预算部门在预算资金的申请、监管和使用中由于工作失职等主观原因所造成的资金无效、低效等情况，追究相关部门及其工作人员的绩效责任，有助于推动预算部门改革创新，促进财政资金科学、高效地使用，从而建立效能政府。例如，海南省、青海省、北京市等地，根据部门整体绩效评价结果开展绩效问责，把考评结果与负责人的责任挂钩。但从目前绩效问责的整体推动情况来看，全国绩效评价结果的问责机制还需努力去建设。

（3）改进预算绩效管理水平。在推进绩效评价结果应用的工作中，各级政府及相关部门制定并颁布了一系列政策文件，从制度方面对部门整体支出、项目支出以及政策性支出绩效评价结果的应用进行了规范。

第一，项目支出绩效评价结果应用的制度建设日益完善。项目绩效评价是部门预算绩效评价的重要组成部分。由于项目支出涉及的资金相对集中，项目目标也比较明确，相对于部门整体支出绩效评价而言，项目支出绩效评价工作起步较早，随着项目绩效评价工作的不断深入，其评价结果应用也取得了显著进展。

目前，地方出台的文件主要从项目的事前绩效评估、实施项目的预算安排以及项目支出绩效有关信息的公开等方面对预算绩效评价结果应用做出相关的规定。黑龙江省、河北省、河南省、湖北省、湖南省、江苏省、山东省、浙江省、福建省、广东省、海南省、四川省、青海省等省份相关制度存在以下共同特点：一是结合绩效评价结果对项目预算进行调整；二是将绩效评估结果与新项目的设立挂钩，评估结果作为申请预算的必要条件；三是建立健全项目绩效信息公开机制。在此基础上，部分省份根据本省绩效评价结果应用的情况，制定具有当地特色的政策条例。例如，山东省明确提出，省财政部门和省直部门应当及时反馈绩效评价结果。另外，有的省份较详细地对事前、事中、事后绩效评价结果的应用做出了规定，如青海省、福建省。而北京市、上海市、沈阳市、天津市、武汉市、杭州市、深圳市、广州市、重庆市、成都市、西安市等城市颁布的关于项目支出绩效评价结果应用的文件，存在以下共同点：一是将绩效评估结果与项目的设立以及存续挂钩；二是将绩效评价结果作为预算安排的重要依据；三是将一些社会关注度高、影响力大的民生项目和重大项目支出情况，逐步向社会公开。在此基础上，部分城市制定了更为详细的条例。例如，广州市对不同项目制定不同的政策措施，根据评价结果等级，分别对经常性项目、跨年度项目、一次性项目做出相应的预算安排。地方政策文件的颁布，为预算绩效评价结果的应用提供了有力的制度支撑。

第二，政策性支出绩效评价结果应用的制度建设开始起步。在中央层面，具有明确政策导向的政策性支出的绩效评价工作起步较早，有关部门在2015年便从包含教育、社保、农林水等重点民生领域的项目支出中，遴选了25项重大民生政策和专项支出，开展重点绩效评价。在地方层面，政策性支出绩效评价与项目支出绩效评价相比，工作起步较晚，但在制度建设方面也取得了一定成效。上述省份、城市的相关政策文件明确指出，政策性支出绩效评价结果应为预算安排的依据。具体而言，一是对新出台的重大政策开展事前项目绩效评估，并将其结果作为项目预算申请的必要条件；二是将评价结果与预算安排相结合，对低效资金一律削减或取消。

第三，部门整体支出绩效评价结果应用的制度建设逐步推进。目前，各级政府文件主要从部门预算工作安排、部门绩效信息公开、绩效问责等方面对部门整体支出绩效评价结果的应用进行规范。各地普遍有以下要求：一是落实部门和单位预算绩效管理工作，逐渐提升其整体绩效水平；二是预算绩效评价结果应为政府决策提供参考；三是部门整体绩效评价结果应该与其预算安排相结合；四是将整体支出绩效评价结果按照政府信息公开的要求予以公开。

尽管各级政府开展了大规模项目绩效评价的实践与探索，并结合实际情况对评价结果不同程度地予以应用，但从整体上看，绩效评价报告的采用率并不高。例如，某市的 30 个预算绩效评价年度报告中，政策建议全部被财政部门和被评单位采用的仅为 20%，部分采用的为 30%，两者加总占 50%，而从全国来看，对于项目绩效评价报告，其采用率不足 15%。① 财政绩效评价的宗旨是提高资金的使用效益，但是由财政部门牵头的绩效评价工作花费大量人力财力而形成的绩效评价报告，采用率却较低，这就违背了其实施宗旨，阻碍了预算绩效管理水平的改进。

二、中国部门预算绩效管理实施的困难与问题

2019 年 10 月，党的十九届四中全会通过的《中共中央关于坚持和完善中国特色社会主义制度 推进国家治理体系和治理能力现代化若干重大问题的决定》指出"健全部门协调配合机制，防止政出多门、政策效应相互抵消"。从部门预算绩效管理的现实状态与改革要求相比来看，各主体还存在一些困难。

1. 财政部门困难与问题。

（1）部门预算绩效管理缺乏完整的制度体系。目前部门预算绩效管理的

---

① 孙欣. 财政支出绩效评价结果应用于问责的困境与出路 [J]. 财政监督，2018（13）.

政策要求分散在不同的文件中，或者在一份文件的不同地方予以表述，全国层面的部门预算收入和支出绩效管理办法尚未出台。部门预算是部门层面的重大部署，表面上是财务收支计划，本质上反映部门政策和部门的履职行政。我国尚未形成成熟、定型的部门预算绩效管理组织领导体系。部门的决策、执行、组织、监督之间的关系以及部门财务和业务的关系等尚需进一步理顺并实现制度化管理。

（2）从预算绩效目标审核来看，财政部门实施审核的难度大。按照有关规定的要求，项目支出绩效目标或部门整体支出绩效目标的设定，由一级预算单位或二级预算单位负责提出。按照《中央部门预算绩效目标管理办法》确定的"谁分配资金，谁审核目标"的原则，财政部门或中央部门负责审核一级预算单位和二级预算单位设定的绩效目标。从公开的部门预算反映的预算绩效管理说明来看，主要问题如下：一是项目支出绩效目标或部门整体支出绩效目标审核情况没有清晰地反映出来，即不知道财政部门审核一级预算单位绩效目标情况、一级预算单位审核二级预算单位绩效目标情况。二是面对中央部门众多的项目支出绩效目标和部门整体支出绩效目标情况，财政部门在有限的时间内高质量完成对一级预算单位审核的任务难度较大。对于一些专业性比较强的项目支出绩效目标，财政部门不一定完全"懂行"，可能是"门外汉"，而在审核时也难以提出切合项目支出实际的意见来，审核质量难以保证。三是虽然有关法规明确规定可以委托第三方进行审核，但是，从公开的部门预算情况来看，尚没有第三方参与审核的信息，地方财政部门没有充分利用现有的政策委托第三方进行审核。

（3）部门整体支出绩效评价指标体系不严谨。预算绩效评价是部门预算支出进行全过程预算绩效管理的核心环节。部门整体支出绩效评价现有的共性指标体系是从投入、过程、产出、效果四个方面进行了框架设计。综合四个一级指标的评价内容看，投入和过程指标侧重反映了部门整体的运行成本、管理效率等方面，产出和效果侧重反映了部门整体的履职效能、社会效应、可持续发展能力及服务满意度等方面。但现行部门整体支出绩效评价的最大缺陷在于，预算绩效评价指标更多地体现为共性指标，而个性指标设计不足，未能充分体现部门核心业务的履职情况和实施效果，使得预算绩效评价结果未能如实反映部门整体支出绩效。在预算绩效评价和结果反馈应用环节，评价质量的高低直接影响到结果应用的程度。而评价指标体系为绩效评价提供了工具支持，因此，评价指标体系的质量对绩效评价质量起到关键性影响。当依照绩效评价指标体系来实施评价活动时，若评价指标体系不能对评价主体的绩效做出合理评价，那么预算绩效评价会产生"工具失灵"现象。

第一，绩效评价指标体系中对部门支出绩效的区分度不高。以广西2014年部门预算绩效评价指标体系为例，指标体系共设计了5个维度、11个二级指标和34个三级指标，三级指标中有27个共性指标。其中，有8个指标没有一个部门被扣分，占共性指标总数的30%；被扣分部门比例介于0～10%的指标有10个，占共性指标总数的37%。这就意味着，各预算部门有68%的绩效评价指标的得分区别并不大。从当年的评价结果来看，39个部门中评价得分90分以上的有31个。①

由此可见，评价指标中能够识别各部门绩效差异的指标比例并不高。导致该现象的原因之一是绩效评价指标体系中，评价指标的设置结构不合理。共性指标偏多，占评价指标总数的79.4%，个性指标偏少；过程指标偏多，占总数的79.4%，效果指标偏少。共性指标占比高，意味着评价指标的针对性不足；过程指标偏多，在逐渐规范的行政管理下，预算执行过程出现问题的比例不会太高。因此，实施结果就表现为绩效评价指标体系中对部门支出绩效区分度不高。

第二，绩效评价指标体系不能反映预算实施中出现的问题。评价指标体系应该能够对部门的绩效进行有效的衡量，最重要的是通过绩效评价，能够发现部门预算执行中的不足并提出改进建议。而现有的绩效评价指标体系可能使部门得分高的同时，却存在部门整体绩效不佳的事实。在评价项目时，按照项目自评绩效评价指标评分，得分在90分以上，但同时其在立项环节存在的一些问题将直接影响其项目的实施进度和成效，在既定的指标框架下没有可以反映存在问题的评价指标项。绩效评价指标体系对部门整体支出绩效评价结果的区分度不高，同时，绩效评价指标体系无法识别预算实施中出现的问题，使得对部门预算绩效评价的质量难以保障，这将进一步影响评价结

---

① 扈剑晖. 部门预算绩效监测与评价指标体系建设的问题及对策研究［J］. 财政监督，2019（1）.

果在新周期预算分配决策中的应用价值。

（4）绩效运行监控不全面。绩效运行监控是部门整体支出绩效目标是否能够实现的关键。《关于全面实施预算绩效管理的意见》提出，各部门要对绩效目标的实现程度和预算执行进度实行"双监控"。"双监控"不仅为绩效目标如期保质、保量实现提供了保障，同时保证了预算资金不出现闲置、沉淀的现象，提升资金使用绩效，坚决贯彻了"约束有力"的基本原则。但从目前各省份绩效运行监控实践来看，现有的绩效运行监控主要以项目监控为主，较少涉及部门整体支出的绩效运行监控。许多的过程监控停留在工作检查、预算执行进度检查层面，对绩效目标的实现程度关注不够。因此，如何在部门整体支出绩效运行监控中将预算监管的闭环机制与绩效监管的闭环机制有机结合起来，形成一体化的监控体系，成为部门整体支出绩效运行监控的重点。

（5）评价结果应用不到位。绩效评价结果的应用是部门整体支出绩效管理的终极目标，我们应依据预算绩效评价结果科学安排下一年度预算资金。但从各省份的实践来看，评价结果的应用往往不到位，许多地方在评价过程中都主动配合、协调各部门提供评价所需资料，但往往忽略了评价结果的应用。究其原因，这种现象主要来自两个方面：一方面是许多部门绩效评价报告所指出的问题，没有抓住问题的根本所在，对问题的定性不够严谨，提出的建议流于形式，可操作性不强，不利于部门的应用；另一方面源于绩效评价结果的应用属于"软约束"，绩效评价结果的应用并未通过法律、条例形式形成强制性规定，许多省份的文件只是参考依据，导致许多部门对结果应用的重视程度不够，甚至出现抵触情绪。

（6）绩效问责机制尚未形成。自推行预算绩效管理以来，虽然各级地方政府都在不同程度上强调绩效问责的重要性，但实际上真正的绩效问责机制尚未形成。

第一，对绩效评价结果实施问责缺乏明确的法律依据。《关于全面实施预算绩效管理的意见》明确提出要将预算绩效评价结果与问责机制挂钩，一些地方政府的相关文件也体现了这一要求。但在实际工作中，由于缺乏具体的法规依据和详尽的操作办法，使得这一要求还难以落到实处。

第二，问责主体与客体权责关系界定不清。利用预算绩效评价结果进行问责，必须明确问责主体与客体的权责关系。从目前的情况看，问责主体与客体之间的权责划分并不明晰。一方面，"由谁问责，由谁监督"的问题还未解决，问责主体的地位、权利、责任等事项，并未在相关法律或政策文件中予以明确。另一方面，问责的客体及相关责任界定不清，尤其对于跨部门、跨领域合作项目，由于预算项目支出及绩效评价的复杂性，各方应承担的具体责任往往较为模糊。当失责情况发生时，往往会出现相互推诿的现象。这既不利于项目管理的改进，也影响了问责的落实。

（7）绩效的外部影响因素不易识别。绩效评价的目的不在于评价本身，在于实现绩效水平的改进。在绩效的"投入—产出—效益"的评价模型中，三个过程均会受到不同外部因素的干扰和影响。将绩效评价结果公开并实施问责，与预算资金安排建立某种联系，才有可能实现改进绩效的目的。但并不是所有绩效评价结果都能通过信息公开、实施问责和预算决策来达到改进绩效的目的。如果不在绩效评价过程中剔除外部因素的干扰和影响，势必会扭曲问责结果、扰乱信息接收者以及误导预算决策制定，影响绩效水平的改进。例如，绩效评价报告结果显示病虫害防治规划实施良好，从绩效评价结果应用于预算决策层面来说，这表明应增加下一年度预算。但可能导致病虫害减少的根本原因是当地遭遇极端寒冷天气，而不是病虫害防治规划，这为外部影响因素而非绩效目标的达成。此例中天气成为干扰管理者进行预算决策的外部影响因素。

实施绩效问责，应针对评价结果的不同来源，分别考察其对评价结果的影响程度并进行问责。换言之，预算单位或资金使用者只对绩效结果中来源于自身的绩效水平承担责任，不承担其他因素造成结果的责任。举例来说，如果某段时间内城市空气质量水平较差，从绩效评价结果来看应对相关部门进行问责。但是由于造成空气质量水平较差的原因不仅包括企业排污、建筑工地、汽车尾气排放等因素，还存在其他外部影响因素，如周边城市治理空气质量的效果、气候因素等。因此，在基于绩效评价结果的问责中，我们必须剔除外部影响因素的干扰和影响，识别并分离出主观努力和外部因素各自的作用结果，针对主观努力所致的较差结果进行追责和整改。

2. 部门困难与问题。

（1）部门绩效目标制定困难。绩效目标设置是部门整体支出全过程绩效管理链条构建的基础，其质量直接影响事中跟踪评价、事后绩效评价等质量的高低。目前，我国部门预算绩效目标的设置存在着内容不完整、论证不充分、细化量化不够等问题，最为典型的是多以定性指标为主且过于宏观。以市级卫生健康委员会（以下简称卫健委）为例，部门在整体支出绩效目标设置中将"提升医疗服务水平""有效缓解看病难、看病贵""改善就医环境"作为部门绩效目标，这些目标貌似与卫健委职责相一致，但也可适用于不同的医疗机构、医疗项目，未能充分与卫健委部门职能及工作目标相匹配。①

因此，绩效目标设置符合部门整体及核心业务的实施以及有利于后续的评价与绩效管理成为部门整体支出绩效目标管理的关键。

部门整体支出绩效目标的分解和细化是建立预算监测指标体系的关键。当部门整体支出绩效目标反映部门职能，且能分解和细化并转化为明确的、可衡量、可量化的绩效指标时，预算绩效的监测体系才能真正发挥作用。以广西为例，其2016年试点了财政厅对2017年部门预算项目支出绩效目标进行集中审核，2017年进一步试点财政厅对2018年部门整体支出绩效目标的审核，并从2017年起将预算绩效目标与部门预算文本同步报自治区人大审核。从制度上增强部门预算绩效目标的约束力和权威性，以此来促进绩效目标编制质量的提高。

从广西的部门整体支出绩效目标申报表的结构上看，其包括了部门预算资金、部门职能概述、部门整体支出年度绩效目标以及部门整体支出年度绩效目标的衡量指标（包括产出指标、效果指标）。从结构上看，该申报表形式上符合部门预算绩效监测指标体系建设的要求，但从实际的运行效果看，部门在绩效目标制定时仍存在以下问题。

第一，预算绩效目标与预算金额间缺乏关联度。预算绩效管理需要明确预算金额与绩效目标实现之间的关系，以此来说明部门预算安排的合理性。但从目前的实践看，部门整体支出绩效目标表中只明确了部门预算的总额和资金来源构成，并未将资金安排细化，资金安排无法与部门职能、年度绩效目标以及绩效目标的衡量指标相联系。而目前部门预算报表虽然对基本支出

---

① 江书军，陈茜林. 部门整体支出全过程预算绩效管理链条构建研究［J］. 财政监督，2020
(1).

和项目支出有详细的分解，但仍难以说明支出与部门职能、年度绩效目标以及绩效目标的衡量指标之间的联系。因此，目前的部门预算编制与部门预算目标的编制仍缺乏关联度，即预算编制和预算绩效目标编制仍是"两张皮"，因此，我们难以对绩效目标与预算安排的匹配性进行判断，使得预算绩效管理体系难以对预算金额安排的合理性进行有效管理。

第二，绩效目标衡量指标中的效果指标质量不高。绩效目标的衡量指标分为产出指标和效果指标两大类。以广西为例，部门预算绩效指标中，产出指标包括数量指标、质量指标、时效指标和成本指标四大类。产出与部门的工作活动直接联系，因而产出指标比较容易达到明确性、可衡量性和可量化性的标准。

效果指标由经济效益、社会效益、生态效益、可持续影响四大类指标构成。设置的效果指标应该是理解产出指标与年度绩效目标之间联系的重要桥梁。我们通过量化和细化的效果指标，将年度绩效目标分解落实，可以此解释部门产出的合理性。但从广西的实践情况看，效果指标的质量普遍不高，大部分达不到明确性、可衡量性和可量化性的标准。例如，某部门设定的可持续影响指标是"提升公共服务的能力水平"，这样的指标既无法实现绩效的监测，也无法用于绩效的评价。

部门预算编制尚未与部门绩效目标形成相互支撑的关系，使得预算绩效目标指标体系的合理性难以判断，同时效果指标体系设置的质量不高，会导致预算绩效监测指标体系缺乏适用性，使得预算执行过程中的绩效监测难以实现，进而使预算绩效管理体系在绩效目标设置和监测环节的运行质量受到影响。[1]

（2）部门整体支出评价事前绩效评估困难。事前绩效评估将预算绩效管理的关口前移，提高了财政资金分配的科学性，为优化公共资源配置，促进政府决策科学化、民主化提供了重要支撑。目前，全国范围的事前绩效评估主要侧重于项目支出，其他财政支出领域较少涉及。部门整体支出事前绩效评估不仅涉及项目支出的评估，同时还涉及部门基本支出的评估。面对一直

---

[1]　扈剑晖．部门预算绩效监测与评价指标体系建设的问题及对策研究［J］．财政监督，2019（1）．

以来部门预算支出安排基数的依赖，如何在事前绩效评估中打破多年积累下来的刚性支出结构，以预算资金管理为主线，依据部门战略目标确定预算资源配置规模，统筹考虑部门资产和业务活动，优化预算资金配置结构，使得部门的战略规划与预算编制形成一致性，成为事前绩效评估需要解决的一个重要难题。

（3）部门预算编制时间紧，导致项目绩效预算与项目预算存在脱节现象。部门预算编制工作大多安排在每年9月开始，到12月底结束。其间经历预算单位上报，主管部门、财政部门等多个政府部门依次审核。由于部门预算编审流程具有依次进行的特点，留给预算单位业务部门的预算编报时间和各相关审核部门的预算审核时间都比较紧张。这种集中式的编报和审核方式，必然会存在编报不够精细、项目内容脱离实际等问题。从理论上讲，项目绩效预算应同步项目预算编制，项目绩效不过关，项目预算不得安排。但实际编制中，由于多种客观因素，如编制时间短、项目绩效预算与项目预算同步修改难度大、绩效编制标准体系不健全、预算单位认识程度不够等因素，项目绩效预算编制滞后于项目预算编制，弱化了项目绩效预算事前监督的作用。

（4）预算单位基础信息体系不健全、基础数据不够准确。预算单位在编制部门预算时涉及人、财、物等基础数据时，需要单位内部各分管部门提供数据，但各部门数据不共享，或是数据动态更新不及时，都会造成基础数据的不准确，进而影响部门预算的精细化。由于预算单位工作人员参与部门预算编制程度不够，预算单位其他部门在编制部门预算时的积极性和重视程度不高，对项目预算内容的准确、可行性分析上没有发挥应有的作用。究其原因，一是对预算模式认知不足。业务部分缺少对部门预算编制的参与，在预算编制过程中没有与各业务部门进行有效沟通，有些项目资金的预算编制安排在缺乏调查了解、数据不明、事项不清的基本情况下，项目在执行时出现预算编制与实际工作计划不符，影响预算的执行。二是对预算编制流程认知不足，一些业务部门虽然编制了预算，但预算缺乏科学化的论证，项目的预期效果欠考虑。业务部门在编预算时没有将自己的工作任务、工作重点和发展规划反映在部门预算中。

3. 第三方困难与问题。

（1）第三方参评机构质量高低不一。绩效评价结果的质量与参评人员、参评机构的专业素质密不可分。但在预算绩效评价工作推进的过程中，第三方参评机构质量高低不一的问题较为突出，主要体现在：一是缺乏对第三方参评机构提升质量的激励约束机制，这在一定程度上会使其工作行为违背客观公正原则。如第三方机构为占领市场、取得收入，会按照委托部门的要求给予评价，提供使委托部门满意的结果，而由此得到的评价结果质量难以保障。二是第三方参评机构自身经验欠缺、专业素质有待提升，难以给出专业、科学和准确的绩效评价报告，导致财政支出绩效评价结果的公信力和权威性不够。

（2）预算单位参与评价的积极性不高。由于当前绩效评价工作是在财政部门的要求和组织下开展的，预算单位参与评价的积极性不高。部门业务人员日常工作量庞杂，在确保日常工作正常推进的情况下，在短时间内完成资料的收集、整理并形成绩效评价报告，加重了工作的负担。部门认为财政支出绩效评价等同于以往其他评估工作，只是走过场、搞形式，没有认真解决评价中发现的问题和及时进行整改，也没有将评价结果与部门的工作业绩相结合，从而降低了绩效评价报告的质量，影响了绩效评价结果的公正性。

（3）参与评价人员专业知识和评价经验的欠缺。首先，在评审过程中，由于专业知识及业务操作能力不一，专家和项目人员往往难以采集信息和指标数据，加上所评项目的"杂、散、小"特征，评价意见多以个别部门和资金使用者为主，影响了绩效评价结果的科学性；其次，由于我国财政支出绩效评价工作尚处于初级阶段，项目单位和第三方评价机构不仅缺乏相关专业知识和评价经验，更缺乏对绩效评价指标体系的研发能力，影响了评价结果的科学性和客观性。

（4）绩效评价数据不易搜集。绩效评价数据是在财政支出绩效评价过程中获得评价结论和设置评价指标的基础与依据，客观、完整的评价数据决定着评价结果和评价指标的科学性与精确性。随着绩效评价工作的广泛推广和深入发展，财政部门对绩效评价报告结果的要求不断提高。但是，第三方机构搜集客观、完整、准确的绩效评价数据面临着一些困难，主要表现在两个方面。

第一，评价数据来源有限且分散。评价数据的获取方式主要源于项目单位负责人的报告总结、项目管理资料以及网络公开资料和数据等，数据支撑来源分散且未成体系，数据归档也尚待规范。

第二，评价数据信息化管理水平较低。现阶段，数据信息化管理的载体和制度不够完善且在技术上还未完全达到信息化数据管理水平，而比较法要求评价数据既要与历史数据进行纵向梳理，又须与同类型数据进行横向对比，这对评价数据的收集和整理都有较高要求。

4. 其他主体困难与问题。除财政部门、预算部门和第三方评价机构外，参与部门预算绩效管理监督过程的还应包括人大、各级党委和政府、纪检监察机构、审计部门、社会公众等，这些主体在开展对部门预算绩效管理监督的过程中主要面临以下困难。

（1）部门预决算公开的内容透明度不高。《中华人民共和国预算法》第14条规定：经本级人民代表大会或者本级人民代表大会常务委员会批准的预算、预算调整、决算、预算执行情况的报告及报表，应当在批准后20日内由本级政府财政部门向社会公开，并对本级政府财政转移支付安排、执行的情况以及举借债务的情况等重要事项做出说明。经本级政府财政部门批复的部门预算、决算及报表，应当在批复后20日内由各部门向社会公开，并对部门预算、决算中机关运行经费的安排、使用情况等重要事项做出说明。

预算绩效情况是部门预算的重要内容，而将部门预算公开，就是要将部门预算绩效情况公之于众，让社会公众知道部门年度预算绩效安排情况，并监督部门执行，即按照批准的预算绩效目标抓好落实，将完成的项目服务于社会。然而，无论是部门预算还是部门决算，从公开的预算绩效情况、预算绩效工作开展情况来看，确实还存在着一些问题。一是从部门预算的绩效情况说明来看，其高度概括、不够细化、透明度不高，既有项目总数量，又有总金额，看似比较全面，但由于没有具体项目明细和金额，这样的公开实际意义不大，难以让社会公众看明白具体情况，难以实施社会监督。二是从部门决算的预算绩效工作开展情况说明来看，对项目支出绩效进行自评的情况说明比较简要，没有具体项目，并且没有对部门整体支出绩效进行自评；同时，具体公开的项目支出绩效评价结果较少，一般是公开1~2个项目，没有对重大专项资金或财政政策开展中期绩效评价试点。三是从公开预算绩效管理情况来看，部分部门将预算绩效情况、预算绩效工作开展情况说明，放在"其他预算情况说明"中的第4点予以公开，与机关运行经费情况说明、政府采购情况说明、国有资产占有使用情况说明并列，而没有"独立成篇"地公开预算绩效管理情况。

（2）部门预算绩效监督机制不完善。随着人大预算审查监督重点向支出预算和政策拓展，人大在审查部门预算绩效时，审什么、如何审等问题都有待进一步规范。各级党委和政府、纪检监察机构、审计部门、社会公众如何开展部门预算绩效监督以及部门整体预算绩效公开等问题都需要制度加以完善和规范。

综上所述，目前我国部门预算绩效管理工作的推进已取得了一定进展，但从中央到地方，从财政部门到预算部门、第三方机构及其他主体，均存在一些亟待解决的问题和困难，也是下一步开展部门预算绩效管理工作的重点。

第五章 部门预算绩效管理的国际比较及其借鉴

为加强财政支出管理，建立合理的绩效评价体系，我国财政部于 2011 年 4 月 2 日印发了《财政支出绩效评价管理暂行办法》，该办法指出"绩效评价应当以项目支出为重点，有条件的地方可以对部门整体支出进行评价"，这也是我国官方文件中首次出现部门整体支出绩效评价的概念。为了规范预算绩效评价工作，2013 年财政部发布《关于印发〈预算绩效评价共性指标体系框架〉的通知》，制定了部门整体支出绩效评价共性指标体系框架。为了全面推进预算绩效管理，2015 年财政部印发了《中央部门预算绩效目标管理办法》，根据预算支出的范围和内容，将绩效目标分为基本支出、项目支出和部门（单位）整体支出绩效目标。部门整体支出绩效评价意味着评价对象由单一项目转变为部门整体，由局部转变为全面，是财政预算绩效管理的新热点。[①]

西方发达国家预算绩效管理起步较早，绩效评价方面拥有完备的法律政策、科学的绩效评价体系、严格的审查和监督以及广泛的公民参与，这些经验值得我国政府部门借鉴学习，进一步推动预算绩效管理改革。

一、中国部门整体支出绩效评价存在的问题

（一）缺少相关法律法规，预算执行过程监控力度不够

截至目前，我国的部门财政支出缺乏有效的监督环境。首先，我国在财政支出绩效评价方面还缺少相应的法律法规。而国外的实践经验表明，在法律制度的保障下，公共支出绩效评价工作才能顺利进行。实施部门整体支出

---

① 陈秋红. 部门整体支出绩效评价及其路径优化［J］. 会计之友，2019（1）：68–71.

绩效评价时没有法律法规的约束，会导致预算绩效评价无法可依从而不能实施有效的监督。其次，《财政部关于贯彻落实〈中共中央 国务院关于全面实施预算绩效管理的意见〉的通知》明确指出，要对预算绩效目标的实现程度和预算的执行进度实行"双监控"，建立绩效跟踪机制确保预算资金得到合理的利用，从而使得绩效目标能够按照计划保质保量地实现；对于执行过程中出现问题的项目要及时分析原因，对于问题严重的要慎重考虑是否继续进行预算拨款。

但是，从目前各部门的实践方面来看，我国的预算执行监控更多的是侧重于对单个项目的监控，而较少关注部门整体支出的绩效运行监控问题。对预算执行过程的监控更侧重于预算执行的进度，而对绩效目标实现程度的监控程度不够。比如，科学技术部 2019 年度决算报告显示了 2019 年财政拨款支出对年初预算的执行情况，但是该部门仅仅对基本支出和项目支出中各个明细的预算执行进度进行了说明，而对于部门整体的绩效目标是否完成以及完成进度如何并未作出详细解释。并且，我国在部门整体绩效运行监控方面也缺少相应的管理办法，谁来组织监控和如何监控还需要进一步的细化。

（二）整体支出绩效目标和绩效评价指标设计不合理

首先，部门绩效目标作为绩效评价的基础，目标不合理就会导致无法有效设置绩效评价指标，绩效评价工作也就难以顺利完成。在部门整体支出绩效评价的试点工作中，一些部门直接将本部门的年度工作计划或年度工作总结的重点内容作为部门绩效目标。工作计划或总结是上级部门对本部门工作的考核依据，与绩效评价所要考量的财政支出的效益和效果是不同的。另外，我国部门预算绩效目标在设置时存在着以定性指标为主且较为宏观的问题。[1]以 2020 年初公布的某市发改委的整体支出绩效目标为例，该部门将"扎实推进疏整促专项行动""纵深推进京津冀协同发展""全力促进经济平稳运行""统筹推进城乡区域协调发展""更高水平深化改革开放""切实办好民生民事"等八项作为部门整体支出绩效目标。这些绩效目标看似与该市发改委的

---

① 江书军，陈茜林. 部门整体支出全过程预算绩效管理链条构建研究［J］. 财政监督，2020（1）：52–56.

职责相符合，但是"全力促进经济平稳进行""切实办好民生民事"也适用于其他政府部门，未能充分体现出该市发改委的职能和战略目标。另外，绩效目标还存在着过于宏观、不够细化和量化的问题。

其次，部门整体支出绩效评价指标设计不够完善。不同于项目支出绩效评价，部门整体支出绩效评价具有综合性和全面性的特点，因此，相对来说，部门整体绩效评价指标的设置难度更大。部门整体支出包括基本支出和项目支出，但设置绩效评价指标不是简单地将基本支出的绩效评价指标与项目支出绩效评价指标相加即可，而应该考虑到部门整体支出绩效目标的综合性和系统性原则。另外，部门整体支出绩效评价强调公众满意度和部门的履职情况，因此，设置绩效评价指标存在着难以量化的困难。

（三）绩效评价信息公开程度不够

预算绩效信息是对政府预算资金使用情况的反映，保证预算绩效信息公开一方面能够对有关部门施加一定的压力，促使其充分有效地利用财政资金，贯彻落实我国全面实施预算绩效管理的政策；另一方面能够使社会公众了解政府绩效管理工作的执行情况，增加公众对政府的信心和信任。

目前，我国部门在预算绩效信息公开方面仍有较大的进步空间。首先，预算绩效信息公开的全面性有待加强。在预算绩效信息公开时，大多数部门会对一两个项目的执行情况进行详细说明。部门可能会倾向于选择预算执行情况较好的项目，具有片面性，不能全面真实地反映预算绩效信息。科学技术部 2019 年度对 42 个一级项目、230 个二级项目开展绩效自评，但是在决算报告中仅反映了"基地专项""对外援助项目""科技专项业务费""科研机构研究生培养经费"等项目的绩效自评结果，并且这些项目的绩效自评结果均为优秀，其中衡量绩效的定性指标得分几乎均为满分。其次，预算信息公开的完整性需要提高。一些部门提供的预算绩效公开信息忽视了部分关键信息，与其他部门的信息无法进行有效对比，降低了可比性。

（四）整体支出绩效评价结果应用不足，绩效问责落实难

从总体上看，我国目前对绩效评价结果的应用更多的是以项目支出绩效评价的结果应用为主，而对部门整体支出绩效评价结果的应用仍处于试点阶

段，并且，对绩效评价的结果应用不足，经常停留在"只评不用"的层面。一方面是因为我国目前在预算绩效评价结果运用方面仍缺少相应的制度保障，现有的相关法律规定比较笼统，缺少一些细节性的规定，评价结果与哪些预算安排挂钩以及如何挂钩等都没有明确的规定。法律制度不完善就无法保证绩效问责的效力。另一方面，预算绩效管理的实际环境也会影响结果的运用。比如，预算绩效管理理念尚未深入人心，导致绩效评价结果质量不高、负责人之间互相推卸责任等。同时，信息化管理程度较低、评价采用收付实现制导致权责不同步，这些都会在一定程度上影响预算绩效评价结果的可靠性。因此，预算绩效评价结果与预算资金分配的关联度会下降，绩效问责机制的作用也不能充分发挥。

此外，绩效问责难以落实。虽然《财政部关于贯彻落实〈中共中央 国务院关于全面实施预算绩效管理的意见〉的通知》明确指出，实施预算绩效管理要做到"花钱必问效，无效必问责"，但是，在实践过程中，真正做到绩效问责并不容易。一是因为我国传统的行政权力体制的影响，问责主体和客体是同一方。二是因为我国关于绩效问责的法律法规不够完善，没有相关的法律制度作为保障，就无法保证问责的效力。三是因为在开展绩效评价时，不同的评价标准和评价方法、绩效目标和绩效指标的设置都会影响绩效评价结果。如果仅凭绩效评价结果就对相关的负责人追究责任，而忽视其他外在因素对结果的影响，可能会引起相关负责人的不满，从而降低他们对工作的热情和积极性。

（五）绩效评价和绩效审计工作衔接不合理

目前，我国的预算绩效管理实践中，预算绩效评价与绩效审计分工不明确导致工作重复，两者之间缺乏有效的衔接导致监督成本较高但未取得较高监督效果的问题。[①] 绩效评价和绩效审计是由不同的部门主导，对预算部门财政资金的使用情况进行审查和评价。绩效评价是由财政部门主导，绩效审计是由审计部门主导，目的是提供给纳税人和立法机关财政资金的使用情况。

---

① 马蔡琛，朱旭阳. 论绩效审计与预算绩效管理的衔接机制［J］. 经济与管理研究，2020，41（6）：108－118.

两者都是基于"3E"原则（经济性、效率性和效益性）的理论基础对财政资金开展的监控管理活动，旨在提高财政资金的使用效益，但两者的实施主体、评价重点和绩效指标存在差异。预算绩效评价的实施主体主要是财政部门，与审计部门相比，其独立性较差，专业性也较低。另外，预算绩效评价侧重于分析项目的影响，而绩效审计更关注法律和程序上的合规性，以促进绩效问责的落实。

二、英国的实践

（一）英国财政绩效评价改革及成效

20世纪70年代，为减轻经济"滞胀"带来的财政压力和债务危机，缓解因政府行政效率低下、管理责任不清、官僚主义蔓延造成的管理危机和信任危机，英国开始推行政府改革计划，这是近代财政支出绩效评价的起点。1979年撒切尔夫人推行的"雷纳评审"（rayner scrutiny programme）从政府内部着手，对每个部门的具体工作进行评审，节约了部门开支，提高了运行效率，对英国政府部门绩效评价产生了深远影响。1982年，英国政府颁布了《财务管理新法案》（*Financial Management Initiative*），标志着公共部门绩效评价正式开始。

1997年，布莱尔政府发布了《综合支出评审》（*Comprehensive Spending Review*，CSR），要求对各部门的预算和支出进行全面的审查。各政府部门每年同财政部签订"公共服务协议"（public service agreements，PSAs），明确各部门的绩效目标，并作为综合支出审查的依据。

2010年5月，英国保守党和自由民主党联合政府成立，联合政府不再沿用"公共服务协议"进行支出审查，改为推行部门"业务计划"（business plan，BP），各部门根据计划提供绩效指标信息。[①] 2015年保守党政府以"部门单一计划"（single department plan）替代部门"业务计划"。

英国政府三大财政政策绩效目标——稳定财政状况、稳定经济增长、促

---

① 郑德琳．从公共服务协议到部门业务计划——英国新绩效预算改革对我国的启示［J］．财会研究，2018（3）：5-9．

进就业于 2018 年均已实现。关键绩效指标得到改善，其中，财政赤字占 GDP 比重从 2010 年的 9.9% 下降到 2018 年的 1.9%，2019 年为 2.1%，在欧盟规定 3% 的财政赤字上限之内；2018 年 GDP 增长 1.8%，2019 年为 1.4%；CPI 增幅从 2015 年 12 月的 3.1% 下降到 2018 年 12 月的 2.1%，2019 年 12 月更是降至三年最低，为 1.4%；2018 年就业率达到 75.6% 的历史最高水平，在七国集团中名列第三。

（二）综合支出审查与公共服务协议

1. 综合支出审查。1997 年新当选的工党政府上台时，面临着世界经济增长放慢和英国制造业可能衰退的局面，为了保持经济增长、避免大起大落，英国决定在工业生产方面增加投资，鼓励技术创新。但当时政府预算缺乏灵活性，导致公共支出模式扭曲和关注短期利益。因此，1997 年大选后，布莱尔政府进行了 1998 年综合支出审查改革，引入现代化的公共开支及绩效管理架构，以支持审慎及有效率地规划中长期开支。透过三年开支计划，各部门得以提前规划，三年期的财政预算有效避免了短期行为，使各部门有充足的时间科学管理资源，为公共服务管理奠定更稳定的基础。综合支出审查本质是一个规划和控制公共支出的政府治理过程。

2002 年英国审计委员会将综合支出审查体系用于评价地方政府工作绩效。综合支出审查体系由核心服务评价、资源使用评价和联合评价组成：（1）核心服务评价是指根据国家规定的服务标准对政府服务的质量与水平进行评价；（2）资源使用评价是指对每一项服务的财务状况、财务行为标准、内部财务控制、财务报表与重大的财务交易和绩效管理五个方面进行评价；（3）联合评价是指把部门视作一个整体，评价组织运行的具体情况。核心服务评价相当于我国的基本服务支出绩效评价，资源使用评价相当于我国的项目支出绩效评价，联合评价相当于我国的部门整体支出评价。

2. 公共服务协议。政府部门事务非常复杂。为了提供一个审议政府活动的框架，应考虑在进行这项活动时投入、产出和成果之间的相互关系。投入是指那些有助于生产和交付的资源。以医疗部门为例，投入通常包括劳动力、实物资产和 IT 系统（医生、护士、扫描设备等）。产出是组织生产的最终产品、交付的产品和服务，例如发生的有效医疗或操作的数量。

结果是指政府活动对社区或个人的影响或后果，通常代表着该组织正在努力实现的目标，例如延长预期寿命和改善健康状况。因此，在制定部门整体绩效目标时，应切实衡量结果。资源、投入、产出和结果之间的相互联系如图 5 - 1 所示。①

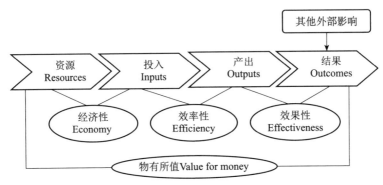

图 5 - 1   英国财政支出绩效评价体系 3E 原则

英国财政支出绩效评价体系遵循"3E"基本原则，即经济性、效率性和有效性。经济性是指在有限的成本范围内获取一定的价值，通过比对成本支出比率促进部门形成节约成本的意识；效率性是指投入和产出之间的关联程度是否合理，要求部门以一定的投入在较少的时间内取得较大的产出；有效性是指部门在追求经济性和效率性的同时，要对社会给予更多的回报和贡献，主要衡量财政支出对绩效目标的实现程度。随着绩效评价的发展，公平性（equity）被引入基本原则，部门更加注重起点公平、过程公平和结果公平，英国审计委员会将"4E"标准纳入绩效审计的框架。

"公共服务协议"作为综合支出审查的依据，每个政府部门都在其公共服务协议中制定了清晰的公共服务改进目标。除特殊情况外，公共服务协议目标在支出审查过程中不进行修改，在下次支出审查之前一直有效。如图 5 - 2 所示，协议的主要内容包括：（1）宗旨（aim），即对部门职责进行总括性描述，表明该部门所提供服务的方向和重点以及所有的公共服务内容将围绕部门宗旨展开。（2）目标（objective），即从广义上描述该部门要取得的成

---

① Noman Z. Performance Budgeting in the United Kingdom ［J］. OECD Journal on Budgeting, 2008 (1).

效，为绩效管理体系提供了基本框架，以结果为导向。（3）绩效目标（performance target），以产出为绩效目标，绩效目标的选取遵循 SMART 法则。（4）责任人声明（statement of who is responsible），责任人一般为相应的政府部门部长。①

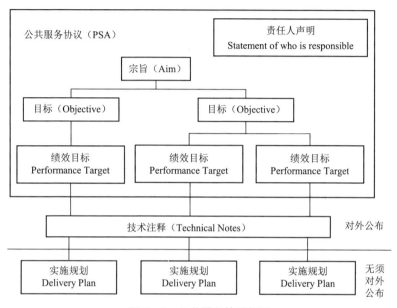

图 5-2　公共服务协议框架

1998 年的公共服务协议为 35 个政府领域设定了大约 600 个绩效目标，大部分目标侧重于投入或程序，而非产出和成果。2000 年起，公共服务协议通过技术注释（technical notes）对如何定义绩效目标、测量实现目标过程的数据来源，以及如何判断绩效目标是否实现加以说明。到 2004 年综合支出审查结束时，公共服务协议的目标设定取得了实质性进展，显著的变化是绩效目标压缩到 110 个左右。修订后的公共服务协议还应包括各个政府部门为了实现公共服务协议目标而拟定的"实施规划"（delivery plan）。

3. 基于公共服务协议的综合支出审查。公共服务协议与技术注释是需要对外公布的，而各个政府部门拟定的"实施规划"无须对外公布。绩效信息

---

① Noman Z. Performance Budgeting in the United Kingdom［J］. OECD Journal on Budgeting, 2008（1）.

— 71 —

的公开，使公众更加深入地监督政府部门，增加了部门工作的透明度，推动预算绩效以及绩效评价结果的公开，真正发挥预算绩效评价结果对预算管理体制上的正反激励作用，提高政府部门工作效率。

政府部门每年两次向议会提交绩效报告，一是春季提交的部门年度报告（annual departmental report，ADR），在一个财政年度结束后提交，要求说明部门绩效任务的最终完成情况。二是秋季提交的秋季绩效报告（autumn performance report，APR），一般在每年的12月提交，属于预算进程报告。年度预算报告须由隶属于议会的审计署进行绩效审计，并对外公布各部门履行公共服务协议的进展情况和实现绩效。相关绩效信息可以从财政部或各政府部门网站上获取。

各政府部门部长对公共服务协议的实现负有责任。英国财政大臣主持公共服务和支出内阁（Public Services and Expenditure，PSX），定期召开会议，要求部长们对改善公共服务以及公共资金使用情况负责。如果部长和部门没有达成其公共利益协定，并不会受到正式的法律制裁。但在总理规划办（Prime Minister's Delivery Unit）的帮助下，各部门越来越多地采用更正式的方案和项目方法来管理公共服务协议。

（三）部门业务计划

1. 部门业务计划。与公共服务协议相比，部门业务计划明确了各项改革目标的优先次序，确定了关键改革项目的时间节点，制定了更为具体和详细的改革措施与绩效考核指标。同时，财政部在网站上定期发布业务计划的进展情况，每年对计划内容进行更新和调整。

部门业务计划一般由联合优先次序、结构性改革计划、部门支出预算和预算透明度四部分构成，一些部门会在计划引言部分加入部门愿景，以阐明部门的战略目标。（1）联合优先次序（coalition priorities），决定了各部门资金分配的优先级别，项目优先次序由部门职责和部门结构性改革的重点决定，一般为政府确定的优先项目和本部门主要责任项目；（2）结构性改革计划（structural reform plan），对联合优先次序中的项目进行分解，确定各部门年度工作的路线图和时间表；（3）部门支出预算（departmental expenditure budget），在项目优先次序和结构性改革计划基础上，各部门会编制包括行政支出、项目支出和资本支出在内的涵盖整个综合支出审查期的部门支出预算；（4）预算透明度（budget transparency），阐述了政府部门绩效评估的关键指标，包括投入指标、效果指标和其他关键数据，并提供政府部门的效率信息，以便公众对各部门日常运营成本进行比较和评判。

2. 基于部门业务计划的预算绩效管理。2010 年，英国成立了预算责任办公室（The Office for Budget Responsibility，OBR）。OBR 每年春季和秋季发布"英国经济展望报告"（UK economic outlook）对经济和财政状况进行五年预测，评估在当前政策下达到中期财政目标的概率。同时，OBR 在每年秋季出版年度预测评估报告（forecast evaluation report，FER），对其预测绩效进行事后评估，详细分析宏观经济和财政预测的结果与预测情况之间的差异。在 OBR 提供的各项报告基础上，英国政府对下一年度整个公共部门体系收支做出具体安排，同时对中期财政规划进行调整和修正。

2010 年后，英国政府将绩效预算由集中监测转向分权管理，要求各部门开展自我评估，编制部门年度报告，汇报部门业务计划的进展情况，并在网上定期公布各项绩效指标数据和部门支出进度。不同于 PSA 三年规划期内目标不轻易调整，各政府部门需要与英国的中期财政规划相适应，各部门每年都要滚动更新业务计划，基于过去一年的绩效评估情况调整业务计划的内容和绩效评价指标。

部门年度工作绩效仍然须经过审计署审计，各部门需要根据国家审计局的审计报告，推出进一步提高预算绩效的计划。2011 年起，英国开始实施全政府账户（whole of government accounts）审计报告，合并提供 1500 多个公共部门机构面临的或有债务和准备金的全面信息，进一步提高了审计监督的影响力。

三、美国的实践

（一）美国财政绩效评价改革背景

第二次世界大战以后，美国一直在探索把资源分配与绩效挂钩，以提高资金使用效益。20 世纪 60 年代，美国国防部用于项目管理的规划与预算管理方法被广泛推广到其他政府部门。卡特政府时期，美国又引入了零基预算，试图在比较不同候选方案支出成本的基础上动态调整项目实现过程，以提高财政资金的使用效益。

20世纪70年代，石油危机爆发，美国经济不景气，国民不情愿继续纳"重税"，政府遭遇财政危机。美国纳税人希望政府把钱花在刀刃上，实施一些国家安全、提供关键服务的项目，以创造最大的利益。1979年，美国管理和预算办公室（Office of Management and Budget，OMB）制定了《关于行政部门管理改革和绩效评价工作》，标志着美国政府绩效评价实践的全面正式开展。

上述努力，基本上是在加强管理和成本控制的思路里打转，并没有达到预期效果。直到20世纪90年代公共管理革命兴起，美国国会于1993年颁布了世界上第一部专门为政府绩效制定的法律——《政府绩效与成果法案》（*Government Performance and Results Act*），要求各联邦政府部门在每个财政年度结束时必须向总统和议会提交年度绩效报告，通过比较绩效目标和实施成果进行年度绩效评价，将绩效评价结果作为预算决策的重要依据，提高政府资金的使用效益。

多年来，联邦政府一直在推行基于绩效的预算改革。为了推动《政府绩效与结果法案》的实施，克林顿政府成立了由副总统戈尔挂帅的"国家绩效评审委员会"，该委员会最终报告《国家业绩审查报告》（*Report of the National Performance Review*），也称《戈尔报告》，明确提出按照由注重过程向注重结果、把顾客放在首位、向雇员授权以及少花钱多办事的原则来改革政府。布什政府发布《总统管理议程》（*President's Management Agenda*），并依据《政府绩效与结果法案》开发项目绩效评级工具（program assessment rating tool，PART），推行部门绩效评级工具"红绿灯"评价体系。奥巴马政府的改革致力于提高绩效数据的质量和使用。

（二）重视评估工具的使用

1. 项目绩效评级工具：PART。为了加强对政府支出绩效评价，美国管理和预算办公室于2002年5月发布了一种用于预算项目绩效评价的新型方法，即"项目等级评价工具"（PART）。PART根据评价项目的不同内容和特点，分为竞争性补助项目、固定按公式补助项目、法定项目、购买资本和服务性资产的项目、信贷项目、政府直接支出项目、研发项目七大类。PART 一般由 25～30 个问题组成，主要涵盖如下四方面内容：一是项目设计方面，主要考察项目目标是否清晰合理，权重占比 20%；二是战略规划方面，主要考察各部门是否为项目确立了有效年度目标和长期目标，权重占比 10%；三是项目管理方面，主要考察项目的财务管理、改进项目管理的举措等，权重占比 20%；四是项目成果方面，主要考察是否准确、一致地报告了项目实施结果，权重占比 50%。对上述 25 个问题的回答，被转化为标准评分（分值为 0～100 分），然后按照一定权重被合成为总得分。根据总得分的高低，项目被归为有效、基本有效、充足、无效等绩效类别。

2. 部门绩效评级工具："红绿灯"评价体系。2002 年，布什政府发布的《总统管理议程》提出在五个领域推进政府绩效改革，即加强人力资本战略管理、竞争性资源配置、提高财务业绩、拓展电子政务以及统一预算与绩效，对联邦政府各个部门目标完成情况和工作进程进行评定。

为了系统评估各部门实施绩效管理的状况，美国管理和预算办公室还开发出了一套性能改进计划计分卡（performance improvement initiative scorecard）评级工具。根据《总统管理议程》的要求，各政府部门每季度要接受两次评级：一是对其各个项目实现整体目标的状况进行评级；二是对各支出部门达到预算与绩效一体化倡议要求的进展情况进行评估。评估结果均采用绿色、黄色、红色来展示，俗称"红绿灯"评估体系。"绿色"表示部门完全达到合格标准并取得了满意进展；"黄色"表示部门达到部分而非所有标准，工作进程落后，需要调整计划来按时达到要求；"红色"表示部门出现严重问题，目标很难实现。各部门通过"红绿灯"评价体系，能够定期获得绩效管理进展的相关信息反馈，及时发现预算拨款中的问题并采取措施予以解决，强化了部门支出管理责任。

表 5-1 展示了 2001～2008 年获得"绿色"评级的部门数量大大增加。2001 年的评估，只有在"财务业绩"领域得到 1 个绿色评级，2008 年增加到 72 个。这意味着，虽然 2001 年只有不到 1% 的政府部门是绿色的，但到 2008 年这一比例上升到了 55%。相反，2001 年有 85% 的政府部门是红色的，到 2008 年这一比例下降到只有 11%。

表 5 - 1　　　　　　PMA 五大绩效改革领域的"红绿灯"评价结果

PMA 五大绩效改革领域	2001 年			2008 年			绿色数量增加
	绿色	黄色	红色	绿色	黄色	红色	
人力资本	0	3	23	14	11	1	+ 14
竞争性资源配置	0	0	26	12	13	1	+ 12
财务业绩	1	4	21	16	4	6	+ 15
电子政务	0	9	17	11	9	6	+ 11
统一预算与绩效	0	3	23	19	7	0	+ 19
合计	1	19	110	72	44	14	+ 71

资料来源：Joyce P G. The Obama Administration and PBB：Building on the Legacy of Federal Performance-Informed Budgeting？［J］. Public Administration Review，2011，71（3）：356 - 367.

（三）绩效评价信息应用与公开

与布什政府相比，奥巴马政府致力于推动绩效评价信息的质量和使用，从生产绩效数据转向使用绩效数据，更具有挑战性。奥巴马政府提出了政府绩效管理的三项战略任务：一是利用绩效评价信息来领导、学习和改善结果；二是持续、简明地进行绩效沟通，提高透明度；三是增强解决问题的网络路径。[①] 奥巴马政府的改革是根据财政支出绩效评价结果发现部门管理中存在的问题，及时提出解决方案，落实部门的管理责任，提高工作效率。其改革包括评估《美国复苏和再投资法案》（*The American Recovery and Reinvestment Act*）的作用、减少或消除表现不佳的项目、设定有限数量的短期及高度优先的绩效目标以及资助详细的项目评估。

1. Expectmore. gov 网站。为了推动财政透明度建设，美国政府开通了 Expectmore. gov网站，向美国公众提供项目绩效信息，所有 PART 评价项目的目标、总体评级、绩效重点和未来改进措施等信息都可以从网站获取，这可以让公民了解其纳税所资助项目的绩效究竟如何以及政府部门为了提高项目绩效所正在进行的工作。借助网站提供的网络链接，有兴趣的美国公民还可以获得项目评估的详细内容，具体如 PART 各项问题的答案、绩效改善行动

---

① Joyce P G. The Obama Administration and PBB：Building on the Legacy of Federal Performance-Informed Budgeting？［J］. Public Administration Review，2011，71（3）：356 - 367.

的后续信息更新等。① Expectmore. gov 网站的开通提升了公众对绩效及结果的关注度，使公众得以更加深入细致地监督各政府部门，增加了各部门改进项目管理措施的透明度，引导各政府部门更加清晰地表述项目目标和成果。通过财政信息的广泛披露，纳税人可以详尽地了解政府税收政策、支出政策以及财政资金的安排和使用情况，督促政府部门高效率、高质量地进行财政管理。

2. 预算地图系统。波特兰市是美国俄勒冈州最大的城市，当地政府利用大数据技术建立了预算地图系统，使市民更清晰地了解公共财政资金的投入使用情况。预算地图系统是将核心公共服务或部门绩效信息通过城市区划的形式反映出来，展示公共服务或部门绩效在不同区域的差异性。

在预算地图上波特兰市分为 8 个区，这 8 个区分别代表娱乐设施、消防、公安、发展规划、社区事务、房屋管理、持续发展和交通部门。预算地图公开 8 个部门的区域性绩效与预算信息，并用不同的颜色表明不同区域间 1～2 个核心绩效指标。在预算地图上，我们可以获取部门五年期间预算支出绩效信息和 8 个部门在不同区域的公共服务绩效评价结果。预算地图系统将绩效信息、地理信息、统计数据信息以及预算信息结合起来，向市民提供可视化的信息，绩效信息高度透明，便于接受公众监督以及发现问题及时改进工作。②

四、澳大利亚的实践

（一）澳大利亚财政绩效评价改革

新公共管理运动肇始于英国，随后是美国、澳大利亚，进而扩大至欧美发达国家，然后波及许多发展中国家和转型国家。自 "财务管理改进方案"（financial management improvement program，FMIP）在 1983 年作为公共部门

---

① 鲁清仿，王全印，赵光辉. 美国联邦政府预算绩效管理及其对中国的启示 [J]. 中国软科学，2019（12）：161－169.

② 赵早早. 美国地方政府预算绩效管理实践及其对我国改革的启示——以美国波特兰为例 [J]. 江苏师范大学学报（哲学社会科学版），2019，45（4）：88－97，124.

改革战略的一部分被引入以来，澳大利亚的政府部门绩效管理一直遵循"结果导向管理"（management for results）的原则。

1. 20 世纪 90 年代通过改革确立问责制。20 世纪 90 年代澳大利亚的改革旨在为财务和非财务绩效确立明确的责任与问责制。1996 年，澳大利亚国家审计委员会（National Commission of Audit）受新一届政府委托展开一项独立审查，拉开了澳大利亚预算改革的大幕。该审查审议了澳大利亚政府管理和财政活动，并提出绩效改革的方向建议：政府管理技能和政府财政运作更商业化，政府财政透明度进一步提高，公共服务部门的文化和运作方式更商业化。

1997 年，澳大利亚开始引入预算支出绩效评价的一系列法律文件，为部门预算绩效评价提供了支撑。1997～1999 年进行的立法和行政改革反映了国家审计委员会所倡导的原则，财务管理转向基于原则的框架，有明确的责任界限。1997 年，澳大利亚密集颁布了《财务管理和问责法案》（*Financial Management and Accountability Act*）、《联邦政府和公司法案》（*Commonwealth Authorities and Companies Act*）、《审计长法案》（*Auditor-General Act*），取代了1901 年的《审计法》。1998 年推行的《预算诚信宪章法》（*Charter of Budget Honesty Act*）为更加透明的财政政策行为提供了一个框架。①

2. 1999 年开启的其他关键改革。1999 年的《公共服务法》（*Public Service Act*）明确规定了公共服务人员责任和权力之间的关系，以提高公共服务的效率和实现服务效果的最大化。《公共服务法》在公共部门引入公司管理方法和竞争机制，重视公共服务的产出和结果，提出了基于成果和产出的资源管理及绩效架构，倡导实行更加灵活的政府内部运行机制。

除了立法改革，1999 年澳大利亚还实施了其他关键改革，包括权责发生制预算（accrual budgeting）、权责发生制拨款（accrual appropriation）、基于成果和产出的资源管理及绩效架构，赋予政府部门负责人更多灵活性和责任。

1999 年开始的基于权责发生制的结果和产出政策变化对政府、议会、中央和各机构的预算、管理和技术工作人员以及信息技术系统都是一项重大挑战。但不得不承认，自采用权责发生制预算编制制度以来，年度报告中绩效

---

① Hawke L. Performance Budgeting in Australia [J]. OECD Journal on Budgeting, 2007.

评价报告的质量已大大提高。

（二）澳大利亚的政府绩效评价的制度框架

澳大利亚实行三层联邦制度。国家、州、地方各级政府都是独立选举产生的，有权决定自己职责范围内的事情。主要的公共服务是通过州和领地政府①提供，例如卫生、教育、基础设施、公用事业、法律和秩序以及社区服务等大部分领域。这些公共服务的资金主要在国家层面筹集，并通过直接支付的方式转移给州、领土和地方政府。

澳大利亚财政部负责对预算资助机构提供绩效管理指引，以及对政府法定机构和公司提出明确要求。财政部负责制定政策，审查各项支出预算；各个部门和机构负有监测其方案执行情况和进行评价的持续责任。

各部门和机构公布的绩效评级资料的使用者主要是议会，他们负责审查年度部门预算和年终结算报告。议会的主要使用者是公共账目和审计联合委员会（Joint Committee of Public Accounts and Audit，JCPAA）以及参议院金融与公共管理常设委员会（Standing Committee on Finance and Public Administration，SCFPA）。澳大利亚的绩效信息旨在三个层面上促进财务管理和预算编制，这三个层面是机构内部管理、政府资源管理和外部问责。

（三）设置科学的绩效评价指标

澳大利亚在设计预算绩效评价指标时遵循了科学性原则、全面系统原则、可比原则、简洁原则以及定性与定量相结合的原则。

澳大利亚政府的绩效评价政策要求每个政府部门和机构对各部门项目活动的数量、质量、价格、有效性，确定全面和明确的成果、产出和绩效标准。政府部门被要求在年度部门预算和年终结算报告中报告这些项目和所有主要评价结果。绩效管理（包括业绩措施和方案评价）一般由各部长及其部门和机构负责，但结果必须与财政部部长达成一致。政府的重大政策措施的绩效评价很可能涉及跨部门合作，比如，参与执行政策的部门和机构以及财政部

---

① 澳大利亚全国划分为六个州和两个领地地区。六个州分别是新南威尔士、维多利亚、昆士兰、南澳大利亚、西澳大利亚、塔斯马尼亚，两个地区分别是北方领土地区和首都地区。

和（或）总理及内阁部门，在进行绩效评价时需要达成跨部门的共识。

在设计绩效评价指标时，澳大利亚先明确部门或者项目的目标，然后围绕这个目标从部门的职能出发，根据提供服务所需要的资源（投入）、提供服务的方式（过程）以及所提供服务的数量和影响（产出和结果）来设计评价指标。澳大利亚筹划指导委员会根据上述思路制定了绩效评估指标的总体框架，由各评估小组以该框架为基础根据不同服务领域的特点确定具体指标。

（四）预算执行过程实施有效监督

澳大利亚颁布的《预算诚信章程法案》规定了预算监督的制度和主体，使预算监督有法可依。为了提高预算执行的效率，澳大利亚建立了全过程的监督体系，对预算执行过程实施事前、事中和事后控制。事前控制是设置一套完整的预算支出标准体系，财政部根据该体系编制和审核部门预算。在预算执行过程中，财政部负责直接监控预算资金的走向并定期向议会报告。在事后，审计署负责对各个部门的预算执行情况进行审计。同时，对部门的预算支出实行内部控制和外部控制，既给予部门一定程度的自由和权力，又明确了部门的责任，促使部门提高财政资金配置的合理性和科学性。

（五）注重对绩效评价结果应用

澳大利亚绩效预算管理的一个重要特征是使用绩效评价为预算决策提供信息。政府每年会重点挑选一些具有战略意义的主要项目及跨部门政策进行绩效评价。绩效评价结果以绩效报告的形式上交之后，澳大利亚的议会、总理内阁部、财政部以及各部门会根据本年的预算绩效评价报告来对下一年的预算进行相应的调整和改进，对绩效评价表现良好的允许其保留一部分资金用于以后年度项目的使用。同时，在澳大利亚，未来的战略决策和部门管理会在一定程度上依赖于部门的预算绩效评价报告。

2006 年澳大利亚政府修订了审查安排要求，以实现与预算规划和资源分配更好地联系起来的、更协调的战略进程。新安排涉及与其他部门合作的财务管理程序，补充而不是取代了部门绩效评价活动。与政府政策和计划有关的、更广泛的独立审查和评价活动也在继续进行，如通过议会调查、独立委员会、知名人士和非政府组织。

五、其他国家的实践

（一）法国

1. 建立多层次的预算监督体系。法国拥有全面的预算监督体系，从事前、事中和事后进行完整的内部和外部监督。在监督逻辑上，法国政府把私人部门的监督方法引入到公共部门，主要体现在对预算绩效和结果的监督上。在法国，每个部门内部都设置有实施事前监督的预算与会计监督司，分别负责监督部门的会计实务和预算实务。外部监督有议会监督和司法监督。司法监督是由独立于议会和政府的审计法庭实施，负责对国家公共机构和国有企业的财务管理进行审查。议会的外部监督职责体现在审议和通过预算草案。此外，在预算执行过程中，预算支出出现变更情况时必须告知议会财经委员会，并且每年都需要向议会提交预算绩效报告，使议会了解预算支出的绩效。法国预算监督体系的显著特点就是各个监督部门之间相互配合，较少出现工作重合和交叉而造成的监督低效率问题，构建了多层次预算监督体系。

2. 建立不同层级的支出体系。法国的新财政组织法（LOLF）制定了公共预算框架，将政府部门的预算分为"任务—项目—行动"三个层级。位于第一层级的"任务"代表国家重要的公共政策，体现出公共支出的内容和方向；位于第二层级的每一个"项目"都需要设置绩效目标和指标，作为预算绩效评价的标准；位于第三层级的"行动"具体说明了公共支出要如何使用，进一步细化了"任务"和"项目"。

（二）新西兰

1. 区分产出和结果的责任，便于绩效追责。新西兰预算绩效管理的一个显著特点是明确定义了产出和结果，并将两者的预算责任进行区分，这样的改革是基于新西兰特有的政治背景。新西兰属于单一制国家，实行部长责任制，有利于改革时进行权利和责任的划分。新西兰选拔政府官员是依赖于个人的能力和职业操守，减少了腐败现象的发生。在这种模式下，部门作为管理层，对公共部门提供的产品和服务的质量、数量等负责。而部长作为决策层，要对结果负责，即对部门所提供的产出和服务对社会产生的影响负责。

2. 加强对绩效评价结果的应用和管理。新西兰制定了三个要求来加强对评价结果的应用，分别是提高结果信息的质量、将结果信息应用到决策过程中、评估结果造成的影响。首先，新西兰运用状态指标、风险指标和效果指标这三个指标，分别提供了关于现实状况、政府干预的领域和干预的效果的信息，有助于政策制定者明确该关注哪些领域以及干预的效果如何，从而改进结果信息的质量；其次，通过实行路径探索项目鼓励部门在决策和管理的过程中运用结果信息；最后，新西兰还对结果产生的影响进行事前和事后评价，从而改进政府决策，实现资源更好的配置。

六、西方国家实践经验的借鉴

我国在部门整体支出绩效评价方面还处于起步阶段，许多地方还不完善，因此，应该在自身发展的基础上借鉴外部经验来寻求进一步发展。通过对西方国家预算绩效评价经验的分析，并结合我国的实际情况，笔者认为我国在部门整体支出绩效评价的实践中可以从以下几个方面进行完善。

（一）完善相关的法律法规，使部门整体支出绩效评价工作有法可依

从发达国家的改革经验来看，健全的法律法规是绩效评价工作顺利开展的前提和保障。美国于 1993 年颁布《政府绩效与结果法案》，这是世界上第一次以立法的形式将绩效管理制度确定下来，为绩效评价的发展奠定了法律基础。从 1998 年开始，澳大利亚先后颁布了《辨析目标与产出》《审查指南》《目标产出与框架》，为政府部门开展预算绩效评价奠定了法律基础。法国的新财政组织法为财政体制和预算管理的改革创新提供了法律支持。我国目前在部门整体支出绩效评价方面尚未制定相关的法律法规，政府出台了有关的办法、意见，但只是规范性文件，缺乏法律约束力。我国需要加强绩效评价方面的立法，填补我国部门整体支出绩效评价的法律空白，将评价主体、评价对象和内容、评价方法、评价指标体系建设及结果应用等都以法律的形式明确下来；通过法律约束部门预算绩效评价，以确保绩效评价工作有法可依，有据可循，推动我国部门整体支出绩效评价走向制度化和规范化。在实

施过程中有法可依才能使部门整体支出绩效评价工作更好地开展。

（二）健全部门整体支出绩效评价体系

1. 优化部门整体支出绩效目标和绩效指标。目前，我国部门在设置整体支出绩效目标时从部门的职能出发，主要以定性目标为主，并且设置的部门目标通常具有较强的宏观性，不利于部门整体支出绩效评价工作的开展。为优化这个问题，在设置绩效目标时，我们可以借鉴法国新 LOLF 下的分层级支出体系，建立分层级的绩效目标体系——"战略—活动—项目"；根据部门职责设定部门的整体战略目标，再将战略目标细分为部门活动，即各个职能部门的工作任务，最后基于部门任务设置具体项目的绩效目标；通过建立分层级的绩效目标体系，可以将宏观的部门整体支出绩效目标予以细化，既有助于避免绩效目标设置重复或遗漏，也能使绩效目标重点突出，而且还有利于促进部门战略规划与部门整体支出目标之间实现有效衔接。

在绩效评价指标的设置上，我们可以参考澳大利亚对政府服务绩效评价的做法。澳大利亚在设置绩效评价指标时，由筹划指导委员会根据部门或项目的目标以及部门的职能设置绩效评估指标的总体框架，由对部门非常了解的评估工作小组根据实际情况选择具体的指标，并在实践过程中不断修改完善。而且，在设置指标时，我们要遵循定量指标为主、定性指标为辅和满足社会公众需求的原则。借鉴澳大利亚的经验，我们在绩效评价指标的设置上可以做出以下改进。首先，在设置部门整体支出绩效评价的个性指标时，重点考虑部门的职责。部门的职能不同，所拥有的价值导向也就不同，我们应根据部门的专有职能设置有针对性地评价指标。其次，不同部门可以对同一指标设置不同的权重，既能体现出不同部门之间的个性化差异，也便于在部门之间进行对比。

2. 分行业、分领域的部门整体支出绩效评价体系。目前，我国部门整体支出绩效评价体系最大的缺陷是缺少反映部门特点的个性指标，不利于部门整体支出绩效评价工作的开展，解决问题的关键在于建立分行业、分领域的绩效评价指标体系。

部门整体支出绩效评价是对部门支出及履职情况的综合评价，评价一个部门在一定时期内资金的使用效益。共性指标有利于部门之间横向比较，但全部采用共性指标会忽略部门间差异，致使部分担负特殊社会职能的部门无法得到客观、公平与公正的评价。因此，我们既要结合部门整体支出的共性特点增强评价指标的完整性，又要根据政策导向和行业差别提炼出关键个性指标。例如，环保部门的绩效评价个性指标可以设置为资源利用、生态环境质量、环境保护管理事务、绿色生活等；教育部门的绩效评价个性指标可以设置为教育资源投入、教育发展能力和教育产出结果等。

在坚持定性和定量相结合原则的基础上，共性与个性指标权重分值的设置也十分重要，不同部门可以对同一指标设置不同的权重，既能体现出不同部门之间的个性化差异，也便于在部门之间进行对比。同时，针对预算管理工作的变化和相关制度的调整，绩效评价指标需要及时改进，从而更加贴合实际，反映预算工作的完成情况，制定出一套完善的部门整体支出绩效评价体系。

3. 中期预算与绩效评价相结合。我国现行的绩效评价是一年一评，基于过去一年的绩效表现，来分配下一年度的财政资金，这种评价方式使年度间缺乏有机联系，容易出现短期内单项财政决策看起来是合理的，但在中长期过程中却在所要达到的目标和实现的顺序上产生矛盾。许多计划需要多年度的资金支持才能完成，绩效在当年可能无法立即显现，例如，环保部门环境治理的绩效需要几年后才看得到，一年一评不利于资源配置决策和绩效管理。英国政府实行三年期的财政预算，各个部门有充足的时间安排财政资金，有效避免了短期行为。

基于对经济发展趋势和财政收支目标的分析，我国可以将中期预算引入绩效评价中，编制长于一个年度的预算，使部门得以跨年度考虑问题，将年度预算纳入一个带有方针性的中期财政计划中，计划与预算密切配合，促进财政资金收入和支出的良好匹配，使得整体资源获得最有效的配置与运用。

4. 第三方评价机构。我国绩效评价现阶段以内部自我评价为主，各级财政部门和预算部门是绩效评价的主体，在绩效评价过程中可能会隐瞒真实问题，撰写虚假绩效报告，评价结果的客观性和可靠性大打折扣。西方国家设置了专门的绩效评价机构，如美国政府绩效评价由国家会计总署组织实施，英国绩效评价工作设置了效率小组和审计委员会。这些国家还引入外部中介机构和公众作为评价主体的一部分参与政府支出绩效评价，保证绩效评价过程的透明性和公开性，使绩效评价满足公共利益需求。

我国应积极引入第三方机构参与绩效管理，使绩效评价尽量外部化，保证绩效评价的客观、独立与公正。从广义上讲，第三方是指不涉及资金分配和使用的单位和个人；从狭义上讲，第三方是专家学者、院校和研究机构、会计师事务所、资产评估机构、行业咨询公司等社会中介力量。第三方机构参与绩效管理有利于增强预算评价的透明度和公开度，提高政府行政效能，推动全面预算绩效管理的发展。

（三）对预算执行进度与预算目标完成情况实行双监控

借鉴国外的经验，澳大利亚和法国都建立了多层次的预算监督体系，对预算执行过程的事前、事中和事后都实施监控。在澳大利亚，预算执行过程中财政部负责直接监控预算资金的走向并定期向议会报告，事后由审计署负责审计。在法国，部门内部有预算与会计监督司监督，部门外部有议会和司法监督，各监管部门之间相互配合避免出现工作重复造成的监督低效率。我国在预算执行监管的实践中，要对预算绩效目标的实现程度和预算的执行进度实行"双监控"，不仅要关注财政资金拨付的合理性、与预算执行进度的匹配性，还要关注与绩效目标实现程度相关的产出和效果指标；同时，借鉴澳大利亚和法国的实践经验，建立多层次的监督体系，将预算部门自行监控与财政部门监控结合起来，预算部门负责对所有的预算资金实施跟踪监控，财政部门根据预算部门的实际情况有重点、有选择地实施监控。预算部门和财政部门应该明确分工，避免出现监管成本高而监管效率低的问题。

（四）加强对绩效评价结果的应用

1. 绩效评价信息的公开。发达国家非常注重绩效评价信息的公开，通过评价结果分析部门是否达到了预期目标和产出，是否实现了经济、社会和环境效益。美国政府在《政府绩效与结果法案》中明确规定所有联邦政府部门必须定期向国会报告本部门的绩效预算执行情况，并将绩效信息及时准确地向媒体及社会大众公开。我国预算绩效透明度较低，政府需要加强电子政务建设，建立政府绩效信息公开网站，让公民知道政府资金投向何处，资金如何使用以及结果如何，通过对话方式搜集更多公民意见和建议，提高部门公共服务能力，更加合理安排财政资金。

为实现跨部门、跨领域和跨行业信息共享，我国还要充分利用互联网、大数据、云计算等现代信息技术，将各部门绩效评价的实施过程、结果和统计指标等情况汇集形成绩效信息资料数据库，打破数据壁垒，推动绩效评价信息系统逐渐网络化，不断提升绩效管理工作水平。

2. 绩效评价结果的应用。应用部门预算绩效评价结果是开展预算绩效评价活动的落脚点和归宿。2006 年财政部发布了《关于完善和推进地方部门预算改革的意见》，明确要求各地"要按照统一规划、分步实施的原则，积极推进绩效评价工作，并将绩效考评结果作为编制以后年度预算的重要参考依据"。我国应建立部门财政支出绩效评价结果反馈制度，借助绩效评价结果的反馈，考察预算目标是否合理，建立下年度预算安排。

英国财政支出绩效评价得到了很充分的应用，绩效评价的结果是议会和内阁对各部门行政问责的基础，能够真正发挥预算绩效评价结果对预算管理体制上的正反激励作用，推动政府责任制的落实，提高政府工作效率。澳大利亚将绩效评价结果作为下一年预算分配的依据，同时，该结果影响未来的部门战略规划和部门决策。新西兰政府为了加强对绩效评价结果的应用，要求改进评价结果信息的质量，并将其运用到决策过程中。

我国政府部门要将绩效评价结果与责任追究相结合，充分运用绩效评价结果来实施奖惩和问责，坚持"谁用钱、谁负责"的原则，明确财政资金使用主体的责任，强化绩效管理意识，促进财政资金使用效益的提高，促进部门整体支出绩效评价结果的运用，避免"只评不用"现象的发生。为了加强对结果的运用，应从以下三个方面入手：一是要完善相关的法律制度，增加一些关于绩效评价结果应用的细节性规定，比如，如何将部门整体支出的绩效评价结果与部门的预算资金分配相联系，如何根据绩效评价结果追究相关责任，提高绩效问责的效力，使相关责任人员产生危机意识；二是将绩效评价结果予以公开，能够发挥其他部门和社会公众的监督作用，也能督促预算部门提高绩效意识；三是提升绩效评价结果质量，通过对部门提交的绩效自评报告和外部评价报告进行再评价，改善绩效评价报告的质量，有利于绩效评价结果更好地应用于政府预算管理和提高资源配置效率。

（五）实现绩效评价与绩效审计的有效衔接

推动绩效评价与绩效审计的有效衔接，能够在一定程度上缓解评价工作重复导致的低效率、绩效评价结果运用有限等问题。比如，法国的新 LOLF 要求审计法庭协助议会对政府行为实施监督，对财政部门的关键绩效指标的相关性和有效性等进行评估，即通过绩效审计提高绩效指标的科学性。澳大利亚通过对两者进行整合来简化绩效评价体系，澳大利亚财政部不负责具体的绩效评价工作，而联邦审计署可对任何部门实施绩效审计。借鉴于此，建立绩效评价与绩效审计的衔接机制，能够减少财政部门与审计部门的工作重复交叉，避免资源浪费、效率低下的问题发生。

第六章 部门预算绩效管理与部门绩效管理的协同改革

一、部门预算绩效管理的作用

部门绩效是指部门在履行政府职能、提供公共服务等活动中所取得的工作成绩或在社会上所取得的成果反映或产生的社会效应。部门绩效不同于部门预算绩效，预算绩效是财政部门主导的，重在关注财政资金的使用效益。部门绩效是部门为了提高自身绩效，在部门管理的基础上引入绩效理念，将绩效管理的理念融入行政事业单位日常管理的一种管理方式，是提高自身绩效从而实现周期内所期望的工作业绩，最终实现部门整体效能提升的过程。由于各部门承担的公共责任不同、实现的目标各异，部门实施绩效管理可以更好地提高财政资源配置效益和使用效益以及部门履行职责效果，具体来说，有以下几个方面。

(一) 财政资源配置效益

财政资源配置效益也就是财政分配内源性效益，是指通过财政分配所产生的效益，主要包括财政支出总量效益和财政支出结构效益。

1. 财政支出总量收益。一个国家抑或一个地区在一定时期内所拥有的社会资源是有限的，这些资源主要是通过市场和政府进行配置的。部门在履行公共职责时，通过绩效评价，控制财政资源的投入和分配比例，实现特定的社会公共事务管理和事业发展目标，有助于财政支出所产生的公共产品数量和质量的提升，有助于财政资源配置效益的提升。政府部门一般会根据特定时期社会经济发展形势的影响，合理确定公共事务的优先支持领域和财政政策重点支持的方向。例如，当某一项公共事业发展比较落后，就会引起社会普遍关注，政府对该项公共事业优先予以支持，投入该类部门的财政支持总量将增加，财政支出的边际效益也会提高，同时也会提高社会公共需要的满足程度。

2. 财政支出结构效益。财政支出结构效益是指财政支出在不同类型的公共支出领域或部门之间不同分配所产生的组合收益，结构合理对财政支出整体效益发挥至关重要的作用。地方政府部门掌握资源是有限的，应当结合当时社会经济发展目标的适应性，合理有效地配置资源，以便根据部门功能在各支出或项目之间合理安排公共支出比例和支出规模，从而在有限的财政资源总量限度内，合理有效配置资源，提高财政支出结构效益。

（二）公共资源使用效益

公共资源使用效益是部门在实现社会经济发展目标、履行公共职责过程中实际使用部门公共资源所产生的效益。总体而言，包括以下几个方面。

1. 财务管理制度的健全性和有效性。首先，建立健全的财务管理制度保障部门进行绩效管理，清晰部门公共资源使用的边界，明确相关审批权限和程序以及应达到的目标和效果等，从制度上保障财政资源的有效使用，做到有章可循。其次，制定科学合理的财务管理制度，加强内部控制，合理保障公共资源安全，充分有效地使用公共资源，发挥其最大的效益。最后，遵守和执行各项财务管理制度，合法合规地使用公共资源，提高公共资源使用效益。

2. 公共资源使用的经济性和效率性。通过绩效管理，可在科学划分部门职责的基础上，根据部门公共职责合理匹配人力、物力和财力资源，既要避免资产闲置浪费，又要防止影响部门履行职责。因此，我们要根据部门职责，合理安排人员配置和资产拥有量，按照定岗定员定额和单位资产维护标准，科学安排财政预算，为实现公共资源使用的经济性创造条件，提高公共资源使用的经济性和效率性。

3. 公共资源使用的效果性。通过部门绩效管理，可促使部门依法、全面执行预算和相关政策，如果政策执行过程中遇到特殊情况，要求及时说明原因，并按规定及时调整相关预算，确保执行结果与预算和相关决策的一致性。另外，要提高公共产品的社会效益，包括社会公平、增加就业、维护国家安全与社会稳定，以增强环境保护等可持续发展能力。

（三）职责履行情况和效果

政府部门职责履行情况是财政资源使用是否具有应有效果的最终体现。

1. 业务管理和控制的必要性。部门绩效管理需要考察以下几个方面的内容：一是部门职责划分的合理性，政府与市场之间、不同级次的政府之间、政府内部各部门之间、部门内部各单位之间的职责划分应当科学、清晰，角色定位应明确，避免政府职能缺位或不必要的重叠交叉，避免出现相互推诿的现象，影响政府活动绩效。二是部门需要有一套完善的管理体制和制度来保证部门职责得以实现。这种管理体制和制度可以是法律法规层面，也可以是部门内部规章制度层面的，整个管理制度体系必须科学合理，要能有效被执行，保证部门目标能够实现。

2. 职责履行情况和效果。部门绩效管理可以促使部门合理履职，包括以下内容：一是政府部门开展活动严格按照法律法规赋予的职责、权限，保证依法行政，达到应有的效果。二是政府部门全面履行法定职责，确保在规定期限内完成既定任务，实现预期目标。三是政府部门优化配置人力、物力和财力，充分调动人员积极性，将资源的最大效益发挥出来，提高政府公共服务的最佳效果。四是通过公众来评判，以此提高政府公共服务水平以及对社会公共需要的满足度。

3. 政府活动的影响。政府部门的活动对其他部门存在潜在效果和影响，有利于促进其他部门有效履行职责，从而推动政府整体工作效能增强，促进社会可持续发展。

二、部门绩效管理现状及存在的问题

（一）政府部门绩效管理现状

政府部门的绩效管理工作可以通过科学有效的绩效考核，实现对绩效管理工作的调整和优化，帮助政府部门颁布绩效管理的新政策。政府部门的绩效管理对提高政府绩效以及建立健全规范、协调、廉洁、高效的行政管理体制有着举足轻重的作用。当前，我国通过借鉴国内外先进的绩效管理方法和经验，不断地优化和完善政府部门的绩效考核工作，加强政府部门绩效管理的实践，并在一次次的政府绩效管理的实践活动中，不断提升政府管理的层次与质量。

我国政府部门在绩效管理考核制度和政策优化过程中，主要形成了三种基本形式：（1）普遍适用型，这种部门绩效管理制度适合那些工作有固定模式的政府机关，因而应用面很广；（2）特殊针对型，这种绩效管理制度是针对一些较为特殊的政府部门，这些特殊的政府部门通常是指一些针对具体行业的政府机关单位，由于部门自身的特殊性，需要有针对地对一些具体行业进行有效绩效评估的政府部门绩效管理制度；（3）专项管理型，这种绩效管理制度是专门针对政府部门当中某项工作或某方面工作的机关单位进行绩效管理评估。由于绩效评估主体的限定性，需要针对评估具体内容拟定专门的评估考核方法，保障政府部门绩效管理的有效性。

当前部门整体层面的绩效评价主要有三种形式：一是各级财政部门对预算单位（包括其下属单位）开展的部门整体支出绩效评价。严格地讲，这属于预算绩效管理，区别于部门绩效管理；二是党委、政府办公厅等部门下的绩效办、效能办、督查室等机构对管辖部门开展的业务考核、效能建设、绩效督查和绩效考核等；三是党委、政府组织人事部门对所属工作部门及直属机构的领导班子或领导干部开展的任期考察或综合考核评价。

（二）政府部门绩效管理存在的问题

部门绩效管理虽然取得了一定的成绩，但也暴露出一些突出问题，因此，政府部门绩效管理工作的改革优化是当前政府工作的重要内容之一。作为政府部门，开展绩效管理工作是提升政府部门执行能力、保证工作效率的重要抓手之一。然而，由于政府部门自身复杂的特点，政府部门绩效管理工作存在很多的困难和复杂性，从而造成政府部门进行绩效管理的制度和政策不够完善。大体上说，我国政府部门绩效管理工作中还存在以下几个问题。

1. 政府部门职能的交叉与重复。政府部门的各项工作非常复杂，因而对社会的政治、文化、经济、思想等方面都需要进行管理，导致其很容易出现管理上的交叉与重复，从而出现支出责任不明确的情况。此外，政府部门涉及的工作内容多，甚至需要参与很多职责范围之外的事情，削弱了政府部门的执行效率和行政能力，造成政府部门的工作职能范畴模糊，加大了政府部门绩效管理难度。因此，政府部门需要对自身进行一定的改革优化，明确自身的工作范围，强化政府部门的工作职能，提高政府机关工作效率。

2. 绩效考核体系不完善。目前，我国政府部门在绩效考核体系方面存在许多问题，特别是绩效评估指标以及绩效目标不准确等方面，阻碍了政府部门绩效管理的科学性、系统性、有效性。因此，相关部门应研究制定较为普遍的、广泛适用的、政府部门共性的绩效评估体系，科学合理设定政府部门的绩效考核目标，促使政府部门在工作中有较高水平的工作效率。此外，不同政府部门的工作和行业性质有所不同，因此，它们需要在绩效考核评估中被区别对待。相关部门在考核制度设计上要有针对性地进行优化和完善，针对不同部门制定不同的个性化评估指标，健全政府部门绩效管理体系。另外，我国政府部门绩效考核工作的目标相对复杂，因此，在政府部门绩效管理工作当中，科学制定绩效管理目标很重要，如果政府部门绩效目标无法明确，将导致现行部门整体支出绩效评价的指标体系无法有针对性地反映部门管理的行业特征和业务规律的问题。

3. 绩效管理的法律法规及政策不完善。法律法规以及相关政策是政府部门绩效管理工作的重要依据，然而目前很多政府部门的绩效工作缺少完善的法规和相关政策作为保障，以至于政府单位经常是在缺少完善规章制度和战略规划的环境下进行绩效考核，政府部门绩效考核工作的内容通常会流于形式，甚至会出现在考核中缺少持续性和可复制性的情况。

4. 部门绩效管理缺乏现代信息技术的支持。借助大数据平台来完善绩效数据收集与整理有利于深化和拓展部门绩效管理信息化。部门绩效管理信息系统以及智能化统计、监控与分析体系的建设，可以有效推进绩效信息化由"流程管理为主"向"流程管理和决策支持并重"的升级转型。① 部门绩效管理信息系统的建立顺应了政府部门对绩效管理工作日益迫切的要求，有助于

---

① 井辉. 流程中心型变革管理：理论与应用［M］. 北京：经济科学出版社，2009.

全面提升部门绩效管理水平与质量。部门绩效管理信息系统建设的内容如下：部门整体绩效管理模块，包括部门绩效目标管理和部门绩效评价管理；重大政策性专项绩效管理模块，包括政策前评估、政策绩效跟踪和政策绩效评价管理；项目全过程绩效管理模块，包括项目申报与审核、项目绩效跟踪监控和项目绩效评价管理；转移支付绩效管理模块；绩效评价结果应用模块；基础信息管理模块，包括绩效指标库、政策制度资料库、问卷库、标准库、模板库、案例库等内容；综合查询与绩效分析模块等。智能化统计、监控与分析体系基于部门绩效管理信息系统流程管理过程中积累的有效绩效信息，通过与部门财务管理信息系统、部门内控管理信息系统等的互联互通，打破了"信息孤岛"和"数据烟囱"，借助高效的数据治理，充分挖掘并释放数据价值，为部门日常的管理与决策提供全方位支持。

5. 绩效评价结果并未得到有效利用。部门绩效评价结果运用是预算绩效管理的关键环节，将绩效结果与预算分配挂钩，能够真正将预算绩效管理落到实处。而目前绩效评价与绩效审计依然各行其是，在一定程度上限制了绩效结果的运用。由于绩效意识薄弱、参评人员专业知识和评价经验欠缺等因素，财政部门的绩效评价结果有时缺乏相应的公信力和权威性，在一定程度上限制了绩效结果的运用。

三、部门预算绩效管理与部门绩效管理的关系

绩效和预算要深度融合，在预算编制领域，要实现绩效管理和预算管理的深度融合，不能形成"两张皮"。[①] 提高部门绩效管理水平，必须以部门预算绩效管理为抓手，即提高预算的决策水平，重大政策和重大项目要做好绩效的评估论证，绩效管理的信息和评价结果要充分利用，对重大政策和重大项目要做全过程的绩效管理。深度融合绩效目标和预算编制，必须要求每个政府部门在申请预算的时候，提交较为科学、合理的预算绩效目标，财政部门将绩效目标作为预算审批的条件之一。

---

① 张绘. 中国预算绩效管理论坛（2018）——全面实施绩效管理专题研讨会观点综述 [J]. 财政科学，2018（5）.

（一）部门预算绩效管理是部门绩效管理的抓手

2018 年 9 月 1 日，《关于全面实施预算绩效管理的意见》首次提出了"部门和单位整体绩效"的概念，要求"将部门和单位预算收支全面纳入绩效管理，赋予部门和资金使用单位更多的管理自主权，围绕部门和单位职责、行业发展规划，以预算资金管理为主线，统筹考虑资产和业务活动，从运行成本、管理效率、履职效能、社会效应、可持续发展能力和服务对象满意度等方面，衡量部门和单位整体及核心业务实施效果，推动提高部门和单位整体绩效水平"，明确指出"健全预算绩效标准体系"，建立涵盖分类体系、指标、标准、数据、分析模型、案例知识等一系列支撑库，为部门绩效管理的实施提供顶层设计与文件依据。

1. 部门预算绩效指标是部门绩效管理的指挥棒。绩效指标是开展绩效管理的核心内容与工具。部门的设置源于其承担了政府部分职能，而部门职能的履行需要公共资源的投入，利用绩效指标体系分配好有限的财政资金，为从源头上做好部门绩效管理提供技术支撑。部门预算绩效管理包括建立支出标准、管理标准、评价标准等多项标准库建设，这些是预算合理化、项目规范化、绩效科学化管理的重要支撑。部门绩效管理通过目标—成本分析，确定各项成本的合理支出范围，建立定额标准库；以绩效目标的数量、质量和成本要求为指导，准确分解项目的业务内容，并依据成本要素进行分析和测算，并充分考虑资金使用方式、市场价格变化、技术更新升级等因素影响，建立支出标准，为预算编制时的支出明细提供单价参考标准。管理标准是实现对不同类型项目规范管理的基础。

2. 预算绩效管理是部门绩效管理的有力手段。预算部门内部要理顺业务绩效管理、人事绩效管理、预算绩效管理之间的关系，在中期财政规划和事业发展规划的双重约束下，确定中期和年度工作目标，并按照工作任务编制项目预算；以预算为龙头，通过事前绩效评估和绩效计划，将绩效管理工作前移，推动预算管理、业务管理和人事管理的全流程融合；加强绩效审计和人大预算审查监督，完善专家咨询机制、第三方评价机制，形成多元主体共同参与的协同治理格局。因此，应以预算为主线，协调政策过程与组织过程，建立并完善绩效管理制度体系，该管理制度体系能涵盖部门绩效目标管理、绩效运行监控、绩效评价、评价结果应用等环节，从而实现部门绩效管理协调一致。

3. 预算绩效管理为部门绩效管理提供技术支撑。预算绩效管理可以以信息为纽带，将业务、财务和资产信息互联互通，推动各部门建立并完善绩效评价指标数据库、支出标准数据库、单元成本数据库，实现部门间的数据共享。在人大和党委的监督下，结合预算公开，逐步实现绩效目标与绩效报告全公开，增强绩效管理对环境和公众的透明度、责任性和回应性。

4. 预算绩效管理为部门绩效管理改革提供实施基础。部门绩效管理需要在预算编制阶段做好部门整体绩效计划，形成部门战略规划、年度绩效计划、绩效运行监控、绩效评价报告和绩效评价结果运用等环节的衔接和协同。开展绩效评价、完成绩效评价报告是部门绩效管理的核心环节。预算部门应在评价报告出具后，组织实施评价的第三方机构、专家学者和财政部门反馈被评价单位存在的问题，并提出相关建议，督促其实施整改。绩效评价报告要及时对外公开，以增强绩效考核工作的约束力，通过建立预算绩效评价追究机制，制定预算绩效管理问责办法，促使各部门切实负起责任，将预算单位财政资金的绩效纳入机关建设和效能建设的评价范围，提高单位对项目资金绩效的关注度，强化绩效管理意识，增强部门绩效管理工作的自觉性和积极性。

财政部门将本年度的绩效评价结果作为来年对各预算单位进行预算安排的重要依据，对上年度绩效考核结果优秀的预算单位优先考虑和重点支持，对绩效考核结果较差的预算单位，适当减少资金分配总量，甚至在特定情况下也可取消部分无绩效或者低绩效的项目。

（二）部门绩效管理与部门预算绩效管理协同改革

部门绩效管理本质上是一种以战略为导向，以预算为主线，综合运用计划、实施、控制和调整等多种手段，创造业务、预算、资源、资产等多要素协同，以实现部门整体绩效最大化和持续改进为目的的新型组织运行形态。"协同"指系统的不同要素，在演化过程中，通过耦合、协同和衔接等自组织过程，形成一个新型有机结构，以实现系统整体功能的现象。

预算部门按照《预算法》的要求，以预算为主线，根据绩效目标安排预算，加强部门绩效管理，将绩效责任层层传导到内设机构和项目团队，实现绩效管理常态化、标准化、制度化。部门要根据战略、发展规划和行动计划、部门职能制定年度绩效计划，在年度绩效计划中明确年度各项工作目标与工作任务、项目设置之间的分解对应关系，以预算为"役使变量"，实现部门业务绩效管理与预算绩效管理的协同；在中期财政规划和事业发展规划的双重约束下，确定中期和年度工作目标，并按照工作任务编制项目预算；完善绩效运行监控，实现绩效目标和预算执行双监控，完善绩效评价和报告制度；充分发挥部门整体绩效评价的决策、诊断、问责和发展功能；对于部门出台的重大政策和项目，建立事前、事中、事后全过程跟踪问效机制。我们需要在时间上拉动业务计划和业务绩效管理前移，增强前瞻性和预见性；在评价内容和指标体系上实现融合，将核心业务完成的考核指标作为预算绩效管理的产出和效果指标，在业务考核指标中融入预算管理考核指标；在推动机制上，建立部门的协调机制，实现业务部门和财务部门的信息共享和工作协调。

四、部门预算绩效管理与部门绩效管理协同改革路径

（一）行为主体协同

1. 权力机关。我国的权力机关由各级人民代表大会组成，常设机构包括各级人民代表大会。在部门预算绩效管理与部门绩效管理的过程中，人大作为广大人民群众的利益代表，发挥着重要的作用，有责任和义务监督部门绩效和部门预算的进程，人大在整个流程中都要强化自身的监督责任，在后续的持续监督中应完善以下几点。

（1）要强化对预算编制和绩效考核的监督，要建立健全相关的初审制度，要建立预算监督提前介入机制。人大应提前介入，实时跟进预算编制过程，全面掌握预算编制的政策要求、财力平衡状况等情况，预先对预算编制是否符合《预算法》等法律法规进行重点审查。在对部门的预算草案的初审时，人大可以建立预审制度和答辩制度，可以就某些项目举行听证会，或者要求相关部门就某个项目的可行性、科学性和绩效目标进行答辩说明，初审结果要以书面形式送达相关部门。

（2）在绩效内容执行阶段更要强化人大监督责任。人大应该建立政府重点投资项目和政府部门绩效完成状况的调查制度，人大应该定期或不定期调派专业人员稽查大中型项目的有关情况，对项目资金筹措与到位率、项目进度和项目的质量控制进行检查，以便于及时发现项目运行中出现的问题，防止项目低效和无效。人大可以对执行不满意的单位要求提交整改方案并进行整改，对于限期不整改单位的领导，人大视情节严重程度给予应相应的处罚。另外，人大在对预算执行进行监督时应该分清主次，抓主要矛盾，既能保证监督的效果，又能节省监督成本，根据我国预算执行的实际情况，应该重点强化对预算执行超收收入、预算调整、政府投资的重点项目、重点行业和重大问题资金的监督。

2. 国务院和各级人民政府。中华人民共和国国务院，即中央人民政府，是最高国家权力机关的执行机关，是最高国家行政机关。在部门预算绩效管理与部门绩效管理方面，国务院是中央预决算草案和中央预算调整方案的编制主体，向全国人大常委会报备省级政府的预算汇总，同时负责向全国人代会报告预算草案以及向人大常委会报告预算执行情况。各级人民政府是本级预决算的编报主体，也是制定本级预算调整方案和报告本级总预算草案的主体，向本级人大常委会报告下一级政府的预算汇总，同时负责向本级人代会做本级总预算草案的报告。国务院有权决定中央预算备用费的使用，地方各级政府决定本级预算预备费动用方案。在执行监督方面，国务院和各级人民政府组织预算的执行，对本级和下级政府预决算过程进行监督。除此之外，国务院作为最高权力机关的执行机关，有权改变或撤销中央和地方政府在预决算过程中的不适当行为。

3. 财政部门。财政部门是国家预算的分配主体，是预算绩效管理的职能部门，负责各项财政支出的安排，并依法对财政资金的使用进行监督。在绩效管理中其主要职能为：研究并制定部门预算支出的体系，建立各项绩效评价指标，制定绩效管理工作办法和规范；对政府部门绩效管理工作进行指导监督，开展预算绩效评价工作；对绩效结果进行研究，反馈给部门预算单位，同时将典型应用模型推广至各个部门，提高预算资金使用效率。财政内部监督是规范部门预算的一项重要措施，因为财政部门内部监督是财政监督的源头，能够及时发现预算编制、执行、调整和决算中存在的问题，并及时予以纠正，形成有效的防火墙，所以要抓好财政内部监督，同时兼顾部门预算绩效管理与部门绩效管理。一方面要完善财政内部监督的方式和手段，另一方面是要加强对部门绩效监督的强度。随着部门预算绩效管理改革的推进，预算绩效作为衡量财政资金使用效率的主要手段被高度重视，绩效监督是预算绩效管理的主要内容之一，因此，财政部门监督应该改变以往以合规性为主的监督方式，增强对预算绩效的监督。对预算绩效的监督可以结合绩效目标管理，在预算编制阶段，财政部门应该组成专家组对预算部门的绩效目标进行合理性论证，在预算执行和预算决算编制阶段，把绩效目标的实际情况和预期绩效目标的实现程度进行对比，以此来进行预算绩效监督。

4. 审计部门。审计部门在部门绩效管理和部门预算绩效管理的过程中起着重大的作用。审计部门的主要职责是对各级财政收支进行审计监督，各级审计机关在本级政府行政首长的领导下，依据本级人大审查和批准的年度财政预算，对各预算执行部门和单位在预算执行过程中筹集、分配和使用财政资金情况的真实性、合法性、效益性进行审计监督。审计监督一般情况下是一种事后的监督方式，它对于完善我国预算绩效管理起着重要作用，但是我国的审计监督还应该从以下几个方面进行改善。

一是要建立对预算编制的审计制度，因为预算编制是预算执行的基础，要想保证预算执行情况审计的客观、公正和有效，必须要求对预算编制进行审计。在预算编制阶段主要对预算的以下内容进行审计：审计预算编制程序的合法合规性；预算编制的内容是否真实、完整、科学，主要包括基本支出定员定额数据的真实性以及项目支出是否经过了科学论证；预算编制是否合法；预算收入是否具有合理的依据；预算支出是否按照中央和各级地方政府的政策目标保证了财政优先性顺序。

二是改善对预算执行审计的方法。为了提高审计工作的效率，一方面可以借鉴企业审计原则，采用风险导向的审计模式，从被审计部门的内部控制制度入手，找出内部控制缺陷，如果内部控制制度比较完善，那么就可以推断预算执行风险较小，可以大大减少实质性审计工作，如果发现内部控制的某一控制点存在漏洞，再从这一控制点入手，增加相应的实质性审计工作。另一方面可以把对部门预算执行的审计工作同行政事业单位财务审计和各类专项审计结合起来，这样既可以保证审计工作的质量，又能在总体上提高政府工作的效率。

三是要健全我国预算绩效审计制度。目前，我国政府预算绩效管理改革正在如火如荼地进行，绩效问题是一个非常重要的问题，因此，在审计监督过程中，也应该提升绩效审计工作的比重。理论上讲，绩效就是指花费最少的资源给社会公众带来最优的公共产品。据此，要对绩效进行监督就是要对被审计单位经济活动的合理性和有效性进行审计。一方面，要对被审计单位的业务流程和制度进行审计监督，检查被审计单位的流程和制度是否体现了绩效最大化的原则；另一方面，审计人员还应该设计相应的审计程序，对基本支出和项目支出的绩效分别进行审计。

5. 中介机构。中介机构一般包括会计师事务所、资产评估、行业咨询等，这些机构在接受政府委托的情况下，在其权限范围内对部门的预算和相关绩效内容进行审计。与政府内部审计不同，中介机构的审计通常属于专项审计，审计重点集中在政府的委托项目上，审计的方式也通常是突击审计而非常规审计。在协同改革过程中，包括会计师事务所、资产评估、行业咨询等在内的机构应加强相应的引导和培训，强化管理和规范。

6. 新闻媒体和社会公众。部门预算绩效管理以及部门绩效管理的过程不仅需要专业监督，而且需要公众监督体系的推动。社会公众是最终落脚点，人们对政府实现了哪些具体收支项目的了解需求和对这些收支项目的成本—效益匹配度的考量都构成部门绩效管理的重要组成部分。在当今社会，公众的意愿通过媒体传播是很普遍也很有效的方式，在部门预算绩效管理中新闻媒体和社会公众对其他监督主体起补充作用。在很多国家，公众通过听证等制度参与绩效管理，新闻媒体是一种新兴的公众意愿表达形式，如果这种形式得以有效利用，对于部门绩效管理水平的提高将起到很强的推动作用。完整的社会监督体系不仅应该包括人大监督、财政监督和审计监督，还应该包括社会监督。政府绩效管理的最终目的就是为了给社会公众提供更好的公共产品，只有使预算编制、预算执行、预算调整和预算决算置于社会公众的监督之下，才能提高财政资金使用效率，从而提高预算绩效。

（二）管理对象协同

政府绩效是多元因素综合作用的结果，一般来讲，政府绩效主要包括政府业绩维度、政府行政效率维度、政府效能维度、政府行政成本维度四个维度。① 从整体角度来看，政府绩效管理往往更重视政府履职结果，其评价结果强调政府整体层面的绩效，预算投入及其管理只是其中一个重要的方面。尽管部门绩效管理的范围大于部门预算绩效管理，但在管理过程中所涉及的管理对象几乎均与预算使用相关，因此，部门绩效管理与部门预算绩效管理的管理对象应协同。公共部门的绩效管理和预算绩效管理的对象可以依据三个层面来考虑。

第一个层面是对政府部门公职人员的绩效管理。该层面是最微观的，个体绩效进行考核管理多在企业界的绩效管理中运用。早先在政府部门中，对干部考核也是以个体考核为主，对部门员工进行绩效考核的同时会考虑预算绩效以及其他相关绩效。

第二个层面是对团队或群体的绩效管理。个体的发展离不开群体，仅有个体的绩效管理，不利于个体与群体的和谐融合，因此，该层面是绩效管理的中观层面。公共部门的绩效管理应当将重点放在团队绩效的管理上，这样才能提高公共部门工作的配合度。团队可以按项目、科室等单位来划分。

第三个层面是对整个部门的组织绩效管理。组织绩效是宏观管理的结果，是以个体的绩效管理、团队的绩效管理为前提，并具有超过个体绩效和团体绩效累加之和的特殊绩效。该层次是绩效管理的最高层面。各级政府最高层面的组织绩效管理相互耦合，就构成了完整的政府系统绩效管理体系。

要协调上述三个层面的绩效管理，管理者应具体问题具体分析，不能简单地把低层面的绩效状况叠加到高层面绩效状况中，例如，个体层面的绩效状况和该个体所在团队的绩效状况，不是简单的叠加，个体加入团队后，其行为表现和产生的实际效果是不一样的，因为个体加入团队后，将有多种因素影响其行为和产生的实际效果。在分层次管理中，应结合部门预算绩效管理和部门绩效管理的各个方面，将政府业绩、政府行政效率、政府效能、政府行政成本等各方面与预算管理的管理对象统一协同管理。

---

① 刘国永，崔方珍，李文思. 政府预算绩效管理的要义与路径［J］. 中国财政，2019（14）.

（三）管理过程协同

一个科学合理的绩效管理体系应该是由多层次、多环节、全方位的要素构成的，各监督主体职责权限分工明确、相互协调、相互制约和多种监督方式并存的整体。在职责分工上，人大要注重加强对预算编制情况、预算执行情况和预算调整情况等方面的审查和监督；财政部门要把监督贯穿于管理之中，加强事前防范预警、事中监控检查、事后反馈评价等监督机制，注重财政资金的安全和投入产出效果；审计机关应加强对社会公共资金、国家重点项目等的事后评价监督；社会公众应该提升自身的监督主体意识，对监督过程中发现的各种问题提出自己的意见和建议。同时，各监督主体之间要建立广泛的沟通机制，各监督主体在监督过程中应该信息共享、协调配合，争取使有限的政府预算监督资源得到最大限度、最高效率的发挥，降低监督成本，避免重复检查。为此，各地政府及部门应当做到部门绩效管理与部门预算绩效管理过程协同改革。主要从以下三方面出发。

1. 提高部门预算和部门绩效管理透明度。增强预算透明度有利于提高一个国家的预算绩效。有学者的研究结果表明，一国预算透明度与财政业绩有着较为紧密的联系，预算透明能有效约束国家财经秩序，这是国际社会发展预算透明度的主要驱动力。具体来说，提高预算透明度的意义主要体现在以下几个方面：第一，对公共政策的选择和决定产生重要影响。公共政策的需求和供给会被预算信息的透明度所影响，预算透明度的提高有利于社会公众更直接地接收财政信息，更有利于公众对比各种公共物品的收益与成本，从而有利于政府做出科学的决策；第二，对财政资源使用效率的影响。财政资源使用效率的提高将借助于预算信息透明度的提高。一方面让社会公众介入对预算信息的监督，提供预算信息的透明度，对于避免政府腐败非常有效。另一方面对于财政资金管理部门，要有效监管政府财政资金使用情况，就要提高预算透明度。社会公众监督和资金管理部门监管都将直接或间接地提高政府财政资金的使用效率，因此，提升政府预算绩效管理的效果就要增强政府预算透明度。

近些年，我国的预算和绩效管理信息公开的范围有所扩大，公开内容也有所细化，但是距离完全透明化还有一定的差距，应该进一步加大信息公开力度。首先，加大信息的公开范围。过去的几年中，我国一些地方和部门对相关信息也采取了有选择的公开策略，但这种选择性的公开内容远远达不到财政透明度的要求。所以，我国也应该尽快扩大绩效信息公开范围，对于关系到民生的重大财政专项支出以及相关项目的完成状况，例如，科、教、文、卫支出和社会保障支出等有关的内容都要毫无保留地公开，预算编制、预算执行过程、预算调整情况等所有信息都应该向社会公众公开，并且在信息中应说明财政政策的目标情况、宏观经济的基本框架、预算政策内容和主要财政风险情况等。实施预算绩效管理以后，绩效目标情况、绩效跟踪监控情况、绩效评价情况以及绩效反馈应用情况等都应该纳入政府信息公开的内容，即让社会公众从更大的范围和更深的层次上了解预算信息，以便于社会公众监督。另外，我国还有一些部门和单位并没有把本单位的所有收支都列到部门预算中，因此，要想进一步加大财政信息公开力度，还必须保证政府预算信息的完整，确保部门预算包括了所有的收支情况。其次，细化绩效信息公开内容。绩效信息公开就是为了让社会公众充分地了解政府部门绩效管理信息，接受社会公众的监督。目前，我国预算信息公开内容一般都比较粗糙，即使公开了预算信息，社会公众也不能了解到政府业绩、政府行政效率、政府效能、政府行政成本等的详细信息，这样的公开难以达到应有的效果，所以一定要详细公开预算信息内容，提供收支科目规定的类、款、项、目乃至具体事项的各个层次信息。例如，教育部门的财政支出，按功能分类主要就是教育，社会公众只知道政府将钱用在教育支出上，但具体怎么花，花在哪却不得而知。如果政府提供绩效管理的详细信息，社会民众就可以知道政府在教育上的资金投入在教师员工的工资奖金、教学设备、教学业务、教学楼或有关建筑的具体金额和比例，公众对教育支出的内容就有了更多的认识。因此，加大相关绩效信息公开的力度就是要扩大预算信息公开的范围，细化预算信息公开的内容，提高我国信息透明度，从而推进绩效管理改革。

2. 规范绩效考核信息公开形式与方式。规范绩效考核信息公开形式也是提高运作透明度的一项非常重要的举措，但是从绩效信息的公开来看，我国各地方部门公开的格式还各不相同，这样不统一的信息公开格式不利于各部门信息的比较，不利于社会公众的监督。因此，在预算信息方面，财政部门应该制定预算信息公开的统一格式，尽量保证各部门、单位预算信息格式的统一；同时还需要完善信息公开的方式，提高公众对相关信息的可获得性。行政效能各项维度的绩效信息也应像预算绩效信息一样统一公布形式以及相关的格式。在信息公开渠道方面，我国财政信息公布的渠道主要是财政部门和其他各部门官网、政府新闻发布会以及期刊等媒介，例如，各部门的官网会发布本部门的预决算报告，《中国财政年鉴》公布历年财政预决算报告等信息，每年人代会期间还通过各种媒介向公众发布财政预算报告。但是，目前公众获得绩效信息的便利性还需进一步提升，相关的管理部门与公众间的沟通渠道仍有必要进一步拓宽，以满足不同群体的信息获取偏好。

3. 增强公众绩效管理参与度。要想真正提高政府绩效信息透明度，发挥绩效信息的作用，除了要进一步加大信息公开力度、规范信息公开渠道、完善信息公开方式之外，还要加强政府和公众之间的交流，建立政府与公众之间的平等关系，使公众不再是信息的被动接受者，增强社会公众主动获取绩效信息的意识，只有公众充分参与到绩效管理信息公开的过程，政府部门才能及时了解民意，并以此来确定相关的政策，规范政府收支行为。为了实现上述目的，一方面政府要确保相关信息公开的及时性和可靠性，如果信息公开不够及时，信息就会失去时效性，失去时效性的信息就没有多大的利用价值，如果不能保证预算信息的可靠性，那么信息公开也毫无意义。为了保证绩效和预算信息公开的及时性和可靠性，政府要安排专人负责收集所披露的信息，对社会民众通过各种渠道或方式反馈的问题、意见和建议进行整理，建立完备的批办、督办、反馈机制，而且可以将信息公开内容纳入政府审计的范围，对于违反信息公开规定的部门或单位一定要有相应的责任追究机制，对于故意隐瞒信息、阻碍公众正当获取所需要的信息或者虚假公开信息的部门和人员，应当予以处罚，直至追究其法律责任。另一方面政府需要建立良好的公众交流平台，构建一种开放的公众交流氛围，多渠道听取民意，特别是要善于接受不同的意见，尽可能地提高政府决策的科学性和民主化水平，对于公众的意见要给予及时回应。当然，良好公众交流平台的建立也需要广大社会公众抱着客观和积极的态度参与绩效和预算信息公开过程，积极利用各种交流平台向政府反馈自己的客观想法，提出合理的意见和建议，一定要避免情绪化，与政府形成良性的互动，促进绩效和预算信息公开规范化，进而提高财政资金使用效率，切实维护自己作为纳税人的权利。

总之，提高信息透明度、强化社会公众对绩效和预算信息的监督、提高财政资金的使用效益并不是单靠政府或公众某一方面的力量就能实现的，而是需要政府和公众双方的共同努力，在行使自己权利的同时相互配合，只有这样才能达到预期的目的。

(四) 管理信息协同

1. 搭建政府会计信息化处理平台。为了更好地应用权责发生制，从而强化绩效管理，我们国家有必要建立一套针对权责发生制的、安全高效的信息处理系统。我国政府长期以来都是采用收付实现制的会计模式进行核算，相应的信息系统也大多数都是在此基础上设计而成的，要想改变会计核算模式，从收付实现制向权责发生制转变，也必须借助一套先进的权责发生制为基础的政府会计信息系统，才能保证权责发生制在我国的顺利推行，确保信息的高效性和准确性。同时，与之相应的政府预算会计软件也要随政府会计基础的改变而做出调整。权责发生制的会计改革必须要与政府会计信息化建设同步进行是实现管理信息协同的第一步。

2. 进一步改进预算管理和绩效管理信息系统。政府预算管理信息系统是利用先进的信息技术，以预算编制、国库集中收付和宏观经济预测为核心应用的政府预算管理综合信息系统，① 政府预算管理信息系统包络了各政府部门的财务数据，应该具有高度的完整性、保密性、可用性和可控性，它关系到一个国家的安全和经济的正常运转。随着政府财政管理制度的改革，政府预算管理信息系统也应该与时俱进，为我国各项预算管理改革提供技术支撑。我国预算绩效管理的改革以及与之相配套的一些制度方面的改革都需要管理信息系统的进一步完善。预算绩效管理需要大量的信息为基础，大量的信息需要依托先进的计算机技术，这就需要在预算管理信息系统中加入预算绩效管理子系统，实现预算绩效管理信息化。实现预算绩效管理的信息化有利于提高绩效评价效率。预算绩效管理以绩效评价为核心，绩效评价不仅需要对各部门支出以及项目支出的投入、效益与影响进行必要的横向与纵向比较，还需要将绩效评价结果和绩效目标评估进行比较，也就是说绩效评价离不开

---

① 李炳鉴. 政府预算管理学 [M]. 北京：经济科学出版社，2003.

一定规模与容量的数据库，从而保证绩效评价工作的持续、高效开展。如果预算绩效管理子系统可以实现预算单位的信息在绩效评价部门之间共享，预算绩效评价的效率将会得到进一步的提高，有利于预算绩效评价结果的应用。如果预算绩效管理信息系统能够实现预算绩效评价结果共享，也会给预算绩效评价结果的使用者带来很多方便。除了上述的信息系统需要进行改进之外，财政透明度的提高、中期预算框架的实施等也都需要有相应的信息处理系统为这些改革提供支撑。

3. 实现预算管理和绩效管理信息系统一体化和共享化。我国应该积极探索一体化和共享化的信息平台开发建设新模式，尽快建成包括基础平台、业务系统、统一门户和综合分析系统的一体化信息平台系统，将部门预算、集中支付、工资统发、公务卡、政府采购、财政预警等所有财政核心业务全部纳入平台统一管理。财政信息系统如果能够把预算编制、执行、监督全过程全部涵盖，把预算绩效管理信息与资产管理信息、会计核算信息、项目管理信息等有效衔接，形成预算绩效管理与预算编制、预算执行和预算监督反馈等预算流程相互融通、环环相扣的"绩效管理链"，实现财政管理信息系统上的一体化，实现所有相关部门的数据、资源共享，不仅会大大提高整个预算管理和部门绩效管理的效率，还能完善财政资金的动态监控机制，同时也能加强财政宏观调控，有助于做出更科学的财政决策。

五、部门预算绩效管理与部门绩效管理协同改革的对策

部门预算绩效管理是部门绩效管理的重要组成部分，是财政改革发展到一定阶段的必然选择，是财政科学化、精细化管理的重要内容和结果要求。部门预算绩效管理是在部门预算管理的编制、审批、执行、调整与决算等阶段融入绩效理念和方法，从而形成一个以绩效目标为导向的、系统的、完整的管理过程和制度体系。自党的十九大报告提出"加快建立现代财政制度，建立全面规范透明、标准科学、约束有力的预算制度，全面实施绩效管理"以来，"全面实施预算绩效管理"成为财政工作的重要内容和加快改革的关键领域之一。全面实施预算绩效管理是政府治理方式的深刻变革，是一项长期的系统性工程，在优化财政资源配置效果、提升公共服务质量、增强政府

公信力和执行力以及建设人民满意的服务型政府等方面具有重要意义。部门预算绩效管理是全面预算绩效管理的重要组成部分，在全面实施预算绩效管理中处于核心地位。2018 年 9 月，中共中央、国务院正式印发《关于全面实施预算绩效管理的意见》，部署加快建立全方位、全过程、全覆盖的预算绩效管理体系，并明确"花钱必问效、无效必问责"。该意见要求，创新预算管理方式，更加注重结果导向、强调成本效益、硬化责任约束，力争用 3～5 年的时间基本建成全方位、全过程、全覆盖的预算绩效管理体系，实现预算和绩效管理一体化，着力提高财政资源配置效率和使用效益。

（一）构建结果导向的部门预算绩效管理体系

传统的预算管理存在难以将各种要素围绕着目标协调统一的重大缺陷，仅重视资金分配，忽视目标和过程管理。2018 年《关于全面实施预算绩效管理的意见》出台，对我国深化预算管理改革、加快建立现代财政制度具有里程碑意义，标志着历经十几年探索和推动，全面实施以结果为导向的预算绩效管理模式正式确立。以结果为导向的预算绩效管理模式是一种包括了计划、过程和结果，且三者互相对应的管理模式，该模式将结果的要求作为评判过程的标准和依据，不仅关注过程、状态和能力，更关注结果和效益。这一模式力图花尽量少的资金、办尽量多的实事，有利于破解经济社会发展过程中出现的问题与矛盾，更好地发挥财政资源配置作用，促进部门职能转变，提升公共服务水平和质量，为社会经济发展提供坚实的财力保障。

1. 加强部门绩效目标的编审论证，强化绩效目标的管理效应。部门预算绩效管理的重点和难点是绩效目标和绩效指标。绩效目标是整个部门预算绩效管理体系运行的前提，即财政预算在一定期限内达到的产出和效果；绩效指标是绩效目标的分解和细化，是衡量绩效目标实现程度的主要依据。部门在设置绩效目标时应注意以下两点。

（1）强化中长期业务规划编制。中长期业务规划是部门编制绩效目标的基础和前提，编实、编细中长期业务规划，需要各业务部门不断提升中长期业务规划的前瞻性和延续性，并充分考虑各业务的衔接，使得各业务部门对未来 3～5 年工作安排有明确清晰的方向，更好地制订本部门中长期业务规划，避免计划与实际脱节，为绩效目标的准确设置打好基础。

（2）加强绩效目标编审论证。部门应对绩效目标进行内部审核论证，在绩效目标正式上报前，可成立由单位业务骨干、中介机构专业人员组成的评审专家对绩效目标设置情况进行评审，重点审核绩效目标是否明确、具体细化，是否与部门职能、整体战略规划、事业发展计划和年度工作任务高度相关，是否全面且主次分明地反映了部门履职情况，绩效目标值是否与预算相匹配，绩效指标值是否便于量化考核，等等。预算单位填报绩效目标之后，财政部门应组织相关人员对绩效目标合理性进行论证，依托预算绩效信息管理系统平台，对绩效目标严格审核，设置绩效目标的不同等级并严格执行：绩效目标设置恰当合理的，进入预算安排环节；绩效目标设置不当的，退回修改；对绩效目标设置不恰当、不合理的，坚决不予安排。强化绩效目标前置作用，有助于将绩效目标管理落到实处。

2. 加强预算和绩效双监控，完善部门预算绩效运行监控制度。部门预算绩效管理的最终目的不是寻找部门在资金使用效率方面存在的问题，而是解决问题，提升部门预算绩效。因此，建立健全部门预算绩效运行监控制度，加强事中管理，有助于分析预算执行与绩效目标出现偏差的原因，并及时纠正。

（1）实施预算和绩效双监控。部门应对绩效目标实现程度和预算执行进度实行双监控，重点对比绩效目标实际完成情况是否与预期相一致、预算执行进度是否与绩效目标完成情况相匹配，重点监督拨款是否严格按照项目进度和绩效情况，认真查找项目实施过程中存在的问题，及时采取措施予以纠正，堵塞管理漏洞，及时调整预算执行过程中的偏差，避免出现资金闲置沉淀和损失浪费，确保资金使用安全和绩效目标如期保质保量完成。

（2）建立内部全过程监控机制。部门应将监督寓于管理之中，建立监督和预算编制审核同步、与预算执行监控同步、与决算审核同步的事前预警、事中检查、事后评价的监督控制机制。在预算编制阶段，内部监督部门对预算编制基础数据来源的真实性和可靠性进行审查，并监督业务部门是否严格按照预算编制的规定和程序组织预算编制工作；在预算执行阶段，对资金使用和项目实施进度进行全程监控，重点监控涉及预算调整的项目事项；在决算阶段，根据全年预算调整情况核实决算信息的准确性、真实性和完整性。

（3）推进绩效信息公开。这是指完善预算信息公开透明机制，细化信息公开内容，并详细说明各项目的预算编制依据、预算绩效目标和实际支出情况，在绩效评价的基础上，将决算数据与资金绩效情况一并公开，便于社会公众实施有效监督，强化部门的支出主体责任；同时，拓宽信息公开平台，畅通信息沟通与反馈渠道，使预算信息置于社会各方面的有效监督之下，提升预算编制和执行的严肃性和规范性，最大限度避免预算的随意性。

3. 构建科学合理的绩效评价指标体系，加强部门预算支出的绩效评价。部门预算绩效管理的核心是预算支出绩效评价。预算执行结束后，对预算资金的产出和结果要及时进行绩效评价，重点对产出和结果的经济性、效率性和效益性进行评价。

（1）开展事前绩效评估。为切实提高资源配置效率，对于一些重要项目，我们可将评估工作延伸至事前，重点对项目立项必要性、项目投入经济性、项目绩效目标合理性、项目实施方案可行性、项目筹资合规性、财政承受能力等进行全面客观公正的评估论证，将预算绩效审核关口前移；为确保评估结果的客观公正，可邀请外部专家、学者或中介机构专业人员参与或直接委托第三方中介机构独立开展绩效评估，评估结果作为申请预算的必要条件和安排预算的重要参考依据，从源头上防止资金闲置沉淀，提高预算编制的科学性和精准性。

（2）科学设置绩效评价指标。树立"研究指标就是研究工作"的工作理念，研究能最大限度反映部门或项目真实情况和效果的核心指标，并赋予较高比重。在设置绩效评价指标时，既要注意以"问题导向"设置核心指标，着力找出影响资金绩效的症结所在，通过靶向诊断对症下药，设计的核心指标要能够直击病灶痛点，以达到预期的绩效评价效果，又要以"结果导向"设置核心指标，突出结果正向导向。绩效评价的最终目的是促进财政资金达到最优绩效，引导部门"少花钱，多干事"，提高群众满意度。此外，要做好核心指标的加法和减法：一方面，要做好"加法"，体现评价意图和导向，反映被评对象的多种特征，精准地查找影响资金绩效的问题，反映绩效目标实现程度和效果；另一方面，随着预算绩效管理水平的不断提高，各种问题会越来越少直至消亡，就要做好"减法"，在评价指标的设置上，力求精练，用最简练的办法解决复杂问题。

（3）实现绩效评价主体多元化。一方面，巩固财政部门、预算部门的绩效评价主体地位，提升相关人员能力素质。各财政部门、预算部门作为绩效评价的主体，应进一步完善机构设置和人员配备，并组织开展多层次的专业知识培训，全面提升业务素质。另一方面，积极引入独立的第三方机构或组织参与绩效评价，借助第三方的专业优势和开拓视角使评价结果更加独立、客观、公正。

4. 建立绩效评价结果反馈和问责机制，强化部门绩效评价结果应用。部门预算绩效评价结果应用既是开展部门预算绩效管理工作的基本前提，又是完善预算编制、加强财政支出管理、增强资金绩效理念、合理配置公共资源、优化财政支出结构、强化资金管理水平、提高资金使用效益的重要手段。

（1）健全绩效评价结果反馈和问题整改责任制。预算绩效评价结果应及时反馈给被评价部门和单位，要求其根据绩效评价结果所反映的问题，认真查找资金使用和管理中存在的薄弱环节，制定具体改进措施，限定整改时限，并在下一年度对改进情况进行说明，以推动被评价部门和单位通过绩效评价发现管理漏洞并及时加以改进，让绩效管理形成反馈、整改、提升的良性循环。

（2）建立绩效评价结果与预算安排和政策调整挂钩机制。我们可以将绩效评价结果作为安排以后年度预算和政策调整的重要依据，按照奖优罚劣的原则，对绩效评价结果好的，给予优先支持或加大支持力度，对绩效评价发现问题、未达到绩效目标或评价结果差的，要督促改进，同时根据情况调整项目、调减预算或取消，对长期沉淀的资金一律收回，并按照有关规定统筹用于急需支持的领域。

（3）强化绩效问责。全面实施预算绩效管理要优化财政资源配置、提升公共服务质量，各级政府应加以重视并强调以结果为导向的绩效管理，要对绩效评价结果进行绩效问责，本着"谁用钱、谁负责"的原则，运用绩效评价结果来对用钱的职能部门实施奖惩和问责，对预算绩效管理工作开展不力、财政资金配置不合理和执行绩效未能达到预期目标或规定标准的部门及其责任人进行绩效问责，切实形成"花钱必问效、无效必问责"的机制；在绩效评价工作中发现滥用职权、玩忽职守、徇私舞弊等违法违纪行为的，应按照《中华人民共和国预算法》《财政违法行为处罚处分条例》等有关法律规定追究相应责任，并按规定及时移交有关部门依法处理。

（二）理顺部门预算绩效管理的责任传导机制

预算绩效管理是一把公共财政资金的达摩克利斯之剑，时刻提醒应"花钱必问效、无效必问责"。① 部门预算绩效管理的推进需要党委、政府、权力机关以及各个部门的支持与配合，单靠财政部门是难以达到预期效果的。部门预算绩效管理需要建立起包括党委、政府、权力机关、财政部门、审计部门、预算单位、社会公众等在内的职责明确、协调配合、透明开放、运转有序的综合组织管理制度。

1. 完善法律法规体系，压实部门预算绩效管理责任。全面系统的法律框架是实施部门预算绩效管理的前提条件。推行部门预算绩效管理需要取得国家的立法支持，强化预算绩效管理约束，以法律的形式保障预算绩效工作的制度化、规范化和常态化。

（1）构建部门预算绩效管理的法律法规及制度框架。部门预算绩效管理改革要以法律的权威性为基石，只有获得有效的法律支持才可能最大限度降低改革难度，突破改革瓶颈，推动部门预算绩效管理依照既定的目标前行。目前，我国部门预算绩效管理的政策要求比较分散，有在不同的文件中进行表述，也有在一份文件的不同地方予以表述，尚未出台一份国家层面的部门预算收入和支出绩效管理办法。在缺乏顶层制度设计的情况下，很有可能因为各级政府和部门对预算绩效管理的理解相迥异，导致我国部门预算绩效管理的出现不均衡发展。为提高部门预算绩效管理的权威性和规范性，一方面，应继续完善《预算法》《中华人民共和国预算法实施条例》中有关章节和条款，也可借鉴美国等一些发达国家做法，启动《财政绩效法》立法工作，明确规定部门预算绩效管理的基本原则、框架体系、实施内容以及绩效问责等内容，使部门预算绩效管理有法可依、有章可循；另一方面，应对照党的十九大报告及《关于全面实施预算绩效管理的意见》精神，从中央层面对现行管理办法、规章进行全面梳理，提炼其中经过实践证明行之有效、规范可取之处，废除其间自相矛盾且与中央精神不符之处，构架部门预算绩效管理制

---

① 李昌林. 上海闵行："以结果为导向"的预算绩效管理改革［J］. 新理财—政府理财，2019（7）.

度总体框架。

（2）压实部门预算绩效管理责任。各级政府和各部门、各单位是预算绩效管理的责任主体，各级党委和政府主要负责同志对本地区预算绩效负责，部门和单位主要负责同志对本部门、本单位预算绩效负责，项目责任人对项目预算绩效负责，各部门和单位对重大项目的责任人实行绩效终身责任追究制，切实做到"花钱必问效、无效必问责"。

2. 厘清部门预算绩效管理相关各方权责，筑牢预算绩效管理理念。全面实施预算绩效管理是一项长期的系统性工程，不能是财政部门一家唱独角戏，而是由人大、各级政府、财政部门、预算部门、审计部门等共同负责，必须统筹协调、各尽其责、形成合力、共同推动，才能真正推进预算绩效管理，取得实效。

（1）明确部门预算绩效管理相关各方权责，实现内、外部协同推进。我国应该坚持党对全面实施预算绩效管理工作的领导，充分发挥党组织的领导作用，增强把方向、谋大局、定政策、促改革的能力和定力。[①] 全国人民代表大会是我国的最高权力机关，各级人大及其常委会是预算绩效管理的外部监督主体。作为政府预算管理的职能部门，财政部门在引导和推动预算绩效管理改革方面发挥着重要作用，具体负责本行政区域预算绩效管理工作，履行预算绩效管理规划制定、建章立制、综合协调、示范推广、监督检查、组织实施绩效评价等职责。审计部门依照法律规定独立行使预算的审计监督权，是预算绩效管理的政府内部监督主体。预算部门承担本部门预算绩效管理的主体责任，并将绩效责任层层传导到内设机构和项目团队，实现预算绩效管理常态化、标准化、制度化。社会公众可以凭借不同身份参与部门预算绩效管理，成为重要的外部监督力量。

（2）加大宣传培训力度，树牢预算绩效管理理念。目前，我国部分地方政府和主管部门预算绩效管理意识还较为淡薄，工作中存在推、拖、等的应付态度，应从强基础、严机制的角度入手，充分利用网站、电视、报纸、微信公众号等媒介加大宣传力度，要对部门预算绩效管理的重要意义、成功经验和典型做法进行积极宣传，持续对各级各部门的预算绩效管理意识进行强

---

① 中共中央、国务院印发的《关于全面实施预算绩效管理的意见》（2018 年 9 月 1 日）。

化，为全面实施预算绩效管理营造良好的舆论氛围；同时，采取"请进来"和"走出去"的方式持续加大培训力度，邀请预算绩效管理方面的专家进行授课，定期开展培训或座谈会等活动，并组织相关业务骨干赴外地学习先进经验，提升各级财政部门、预算部门和项目实施单位相关人员业务水平，筑牢预算绩效管理理念，提升部门预算绩效管理水平。

3. 加强部门预算绩效管理工作考核，强化绩效管理激励约束。各部门要建立部门预算绩效管理工作的考核和激励约束机制，否则预算绩效管理流于形式。中央明确"花钱必问效、无效必问责"，坚持权责对等、约束有力，各方力量拧成一股绳，共同促进预算绩效管理的高质量发展。

（1）加强部门预算绩效管理工作考核。各级政府要将部门预算绩效管理工作纳入政府绩效和干部政绩考核体系，压实工作责任，并把考核情况作为领导干部选拔任用、公务员考核的重要参考，充分调动各地区各部门履职尽责和干事创业的积极性。各级财政部门负责对本级部门、预算单位和下级财政部门预算绩效管理工作情况进行考核，同时，建立部门预算绩效管理工作报送和考核结果通报制度，预算部门定期向财政部门提交预算绩效管理工作总结，财政部门向党委、政府和人大报告预算绩效管理综合情况及重点项目绩效评价结果，对工作成效明显的地区和部门给予表彰，对工作推进不力的采取通报批评、约谈、曝光等措施，并责令限期整改，确保财政资金用在"刀刃上"，为经济社会高质量发展贡献力量。

（2）强化部门绩效管理激励约束。我们可以建立绩效奖惩机制，将绩效评价结果与单位年度考核挂钩，以绩效评价结果作为衡量各部门工作任务完成情况以及领导班子、领导干部业绩的重要指标。对于绩效评价结果较好的单位和个人，我们应给予物质奖励、荣誉称号等奖励，或者赋予更多的管理自主权，提升其履职尽责和干事创业的积极性；对于绩效评价结果不合格的单位和个人，给予扣发奖金、取消评先评优资格等方面的惩罚。

（三）建立部门预算绩效管理的信息共享和利用制度

部门预算绩效管理的实质是对部门使用预算资金的投入产出进行全面管理，实现投入产出的动态优化。基于此，获取全面、完整的相关信息是实现科学和高效管理的前提，也是发挥预算绩效管理作用、实现部门预算绩效管理目标的基本条件。因此，建立预算绩效管理的信息共享和利用制度是推进部门预算绩效管理的核心工作以及实现其预期目标的基本条件之一。

1. 强化内外数据的关联融合，构建预算绩效管理信息系统。预算绩效管理信息系统的建立，能够打破"信息孤岛"和"数据烟囱"，有利于应对部门对预算绩效管理工作日益迫切的要求，全面提升部门预算绩效管理水平与质量。

（1）构建预算绩效管理数据和信息平台。加快预算绩效管理信息化建设，通过整合组织内生数据，积累多维度、有纵深的立体数据，构建预算绩效数据共享平台，实现预算绩效管理与相关业务管理工作的高度融合，并达到实现数据自动对接、自动采集、自动核对等功能，既可降低数据填报、比对、核查的工作成本，又可降低人为错误及舞弊现象的发生概率。此外，通过信息资源在会计部门与相关业务部门之间流动和共享，我们可以实现对资金运行和绩效目标实现程度的跟踪控制，发现问题及时反馈、按时整改，确保顺利实现绩效目标。

（2）丰富拓展外部数据资源群。我们可以充分利用公开的信息资源，基于互联网广泛获取与部门预算绩效管理相关的政务公开、经济运行等公共数据资源，加强与财政、税务、工商、银行、海关、统计等外部单位的沟通协调，推动实现与外部单位在公共基础信息、业务管理数据等方面的横向数据共享，丰富拓展外部数据资源群；通过强化内外数据的关联融合，逐步形成跨业务、跨部门、跨层级，包含公共基础数据、部门业务运行数据和其他外部相关信息的数据资源池，为全面实施预算绩效管理提供重要支撑。

（3）建立完善配套的预算绩效管理辅助数据库。预算绩效管理信息系统在具体建设过程中，除了需要预算绩效和业务数据外，还需要其他方面面的支持数据，应建立配套的预算绩效管理辅助数据库，可按照分建共享、动态管理原则，建立健全包括专家库、第三方机构库、政策法规库、文献库、案例库等在内的预算绩效管理智库系统，为实施部门预算绩效管理提供智力支持。

2. 夯实部门预算绩效管理信息需求，建立预算绩效信息化管理制度。

（1）夯实部门预算绩效管理的信息需求。总体上，预算绩效管理的信息需求包括四个方面：资金流（价值量）信息、实物量（工作量）信息、政策信息和管理信息。资金流（价值量）信息主要包含预算资金的投入和支出信息，即预算收支信息，其实质是价值量信息。实物量（工作量）信息主要指预算资金支出能够带来的公共产品和公共服务的数量信息、质量信息。政策信息主要包含决策过程中的政策导向、政策支持信息以及政府、部门、单位的职能与中长期规划信息。管理信息指预算资金使用过程中配套的预决算管理制度、业务管理制度、财务管理制度等方面的信息。当以上几方面的信息都能够取得，而且信息质量较高时，预算绩效管理才能够顺畅实施，管理效果才能够充分发挥出来。

（2）建立部门间的沟通协调制度。通过加强部门之间的沟通协调，以制度的形式将预算绩效管理数据共享的范围、各部门责任和系统之间的衔接方式等内容固定下来，建立专门的工作领导小组和实施方案，完善相关的绩效考核和激励相容机制，推动预算绩效管理的数据共享工作，打破部门数据烟囱和信息不对称的壁垒。

（3）建立专门的预算绩效信息化管理网络安全防护机制。各部门应划分内网和外网范围，严格数据信息的授权管理，加强各系统衔接的漏洞排查，确保系统运行的规范性和安全性，同时也有利于对数据使用行为的合法性、合规性进行监控。

3. 构建数据管理、分析和应用体系，促进预算绩效管理信息共享。

（1）构建基于绩效指标和要素的标准化数据管理体系。在完成预算绩效管理信息系统及平台建设的基础上，将内外部的数据内容，按照以绩效指标和要素为基础的方式进行实时或非实时的智能采集，可形成财政预算绩效管理大数据中心；将现有的政务（系统）数据和外部的互联网数据、物联网数据、社会统计数据、企业信息数据等纳入预算绩效管理大数据中心的采集范围，可按照需要和数据标准进行采集；数据采集后，可以进行数据构建、元数据建模、数据编排、关键数据建模、数据演化、数据实体回溯等初步处理，并将数据库与外部符合安全规范且有需求的系统进行共享与交换。

（2）构建预算绩效管理数据分析系统。该系统可以管理和分析进入平台且初步处理后的数据，并形成可投入应用的数据，对图像或影音进行识别并进行信息提取，与已有数据形成可检索数据，并通过算法实现所有数据尤其是非结构化数据的数据检索；按照场景建立标签，对相关数据进行关联管理，对关键数据建立模型进行进一步处理或聚类，实现数据融合；通过工具实现数据的质量改善和安全控制，并实现不断对新旧数据进行监测与评价，保障数据的质量和安全；通过构建预算绩效管理大数据分析系统，综合分析各预算绩效管理中的大量信息，为科学合理的预算绩效管理目标设定和个性化的评估指标体系建立提供依据。

（3）构建预算绩效管理数据分析应用系统。该系统以大数据作为支撑，通过数据建模等方法，对有关政策、部门预算编制、部门预算执行、项目实施过程管理和评估等环节的结构性问题、比较性问题作出分析，以结果为导向对预算执行和预算绩效管理过程中的差异性与合理性进行分析，通过数据可视化分析、政策执行监控预警、应用场景决策辅助、应用场景模拟评价、绩效专家服务系统、公共服务支出与评价标准、地区/行业综合指数/报告等一系列模型和智能辅助支持系统，以及平台的拓展与接口，来实现绩效管理的不断丰富和深化。

第七章　政府预算绩效管理与政府会计改革的协同性*

中共中央、国务院印发的《关于全面实施预算绩效管理的意见》明确指出，预算绩效管理改革由过去单一的公共预算绩效管理，逐步向"全方位、全过程、全覆盖"的制度体系转变，强调注重结果导向、讲求成本核算、注重综合效益、硬化责任约束，同时赋予部门和单位更多自主权。由此，政府会计在政府预算绩效管理中的重要作用就凸显出来。政府会计区别于以往政府预算会计，是以现代政府为依托，能够便于确认各机构、单位的财务管理业绩和资金使用效果。① 它的主要特征是以反映政府绩效、履行公共服务受托责任为目标，以权责发生制作为会计计量基础，提供全面、系统、综合的财务报告体系。② 概括来说，政府会计体系是以权责发生制和收付实现制为基础，以决策有用和公共受托责任为目标，由政府预算会计、政府财务会计、政府成本会计、政府管理会计和政府综合财务报告等制度组成。

一、政府预算绩效管理与政府会计改革协同性的意义

在国家治理现代化改革大环境下，政府预算绩效管理和公共部门绩效管理是两个紧密相关、相互作用的系统。政府预算绩效管理实际上是政府"人、财、物"中"财"效率的管理，政府"财"效率最终要靠公共部门绩

---

* 王泽彩，胡志勇．政府预算绩效管理与政府会计改革协同性研究［J］．经济纵横，2019（11）．

① 盖地．论现代政府会计［J］．税务与经济，2002（5）：72 - 76．

② 王宪锋，王悦．现代政府会计体系发展研究［J］．绿色财会，2011（12）：10 - 12．

效管理来实现。政府会计是影响政府预算绩效管理和公共部门绩效管理系统的重要技术变量。具体而言，政府会计核算及反映的政府部门资产、负债、收入、费用、结余、成本及绩效等数据是缓解财政部门和公共部门之间"信息不对称"问题的重要信息基础，也是实现政府预算绩效和公共部门绩效管理有效性的重要保证。目前，我国政府预算绩效和公共部门绩效管理面临的许多问题都与政府会计的不完善紧密相关，比如部门和单位缺乏战略管理、部门和单位预算编制不科学、绩效目标标准不统一、内控制度不完善、成本核算管理缺失、绩效评价成本信息不对称等。

协同论发轫于 20 世纪 60 年代，它基于多种学科交叉研究，是系统论、科学论的重要分支。协同论研究系统与系统之间存在相互影响、相互合作的关系，它认为系统要素之间、系统之间协同作用将使系统要素彼此耦合，从而获得整体放大效应。① 政府预算绩效管理与政府会计改革必须协同推进才能产生协同效应。从当代国际成功经验看，政府预算绩效管理和公共部门绩效管理的改革必然伴随政府会计技术的革新。比如，1998 年英国政府会计权责发生制的应用源于"资源会计与预算"改革；2001 年法国《财政组织法》旨在加强政府预算绩效管理，同时也规定中央政府会计采用权责发生制。② 协同理论的自组织理论认为，自组织是一个开放式系统有序演变的活动，在自组织过程中支配系统有序活动的神秘力量是来自系统内部的非线性作用机制，系统内部的非线性作用使各子系统之间产生协同作用。③ 经过近几年的改革，我国国家治理体系现代化改革已经出现自组织现象，政府预算绩效管理、公共部门绩效管理与政府会计之间逐渐产生协同作用，即政府预算绩效管理促进公共部门绩效管理和政府会计改革的不断深化，政府会计改革助力政府预算绩效管理和公共部门绩效管理改革的有序推进，但改革总体上呈现出"弱"协同性。据此，研究政府预算绩效管理与政府会计改革的协同性具有重要的现实意义。

---

① 李东，刘开强，毕建新. 基于协同理论的"互联网＋科研信息服务"创新研究：以国家自然科学基金为例 [J]. 中国科学基金，2019：356－361.

② 胡志勇. 论中国政府会计改革 [M]. 北京：经济科学出版社，2010：212－223.

③ 阎旭辉. 自组织理论视角下体育赛会志愿者团队管理模式的研究 [J]. 系统科学报，2018（2）：80－84.

二、政府预算绩效管理和政府会计改革的弱协同性分析

"入世"以来，我国政府预算绩效管理和政府会计改革的理论研究在较长时间里呈现弱协同性，政府预算绩效管理和政府会计的改革制度设计呈现弱协同性，以及政府预算绩效管理和政府会计服务实践也呈现出弱协同性。

1. 政府预算绩效管理与政府会计的理论研究融合性缺失。由于我国政府预算绩效管理较长时期着重于预算绩效评价体系的构建，相关的研究文献很少论及政府会计，偶有论述也只是泛泛提及，特别是从政府会计视角深入探讨政府预算绩效管理改革的文章少之又少，近两年才有几篇，比如李昕诺的《深化政府会计改革，助推政府预算绩效管理全面实施》、徐晓霞、赵淑琪的《政府预算绩效管理引入权责发生制的思考》等。政府会计的文献也很少从政府预算绩效管理视角进行研究，笔者选择以下四个方面的研究做简单分析。（1）"权责发生制"的研究。2001 年以来，"权责发生制的引入"是我国理论界关于政府会计改革讨论的核心话题之一。理论界认为，政府绩效评价是政府会计引入权责发生制基础的原因之一。比如，刘玉廷在《我国政府会计改革的若干问题》中分析政府职能转变、公共财政改革、政府绩效评价制度建设等因素与政府会计改革关系，提出政府会计要渐进性引入权责发生制；李纪文在《对政府会计改革两个问题的看法》中分析传统现收现付制基础存在政府会计信息不完整、绩效评价困难、国有资产管理弱化等问题，提出政府会计引入权责发生制基础。权责发生制核算基础使得政府会计可以科学、合理核算当期的收入与成本费用，但引入权责发生制是否就有助于实施政府预算绩效和公共部门绩效管理？这取决于具体的改革情况，比如，权责发生制改革是完全权责发生制、部分权责发生制、特定权责发生制，还是补充性权责发生制等。但何种权责发生制的政府会计制度更有益于绩效管理，现有研究文献却少有涉及。目前，政府预算绩效管理改革已经开始触碰"政府会计信息缺乏"的瓶颈，理论研究的弱协同性表现得更加明显。（2）"政府财务报告"的研究。起初，我国理论界并未赋予政府财务报告关于政府预算绩效管理太多的作用与功能，比如李建发在《论改进我国政府会计与财务报

告》中提出，借鉴国际公共部门会计与财务报告做法，建立向社会公众及其他各方提供真实性、完整性、可靠性的政府财务信息。天津市财政局国库处发表的《建立政府会计财务报告体系的探讨》虽分析了政府财务报告建立有利于公共财政制度改革，但并未提及政府预算绩效管理改革。近年来，随着我国政府综合财务报告编制试点的推进，"如何利用政府综合财务报告促进我国政府预算绩效管理改革"有少量的关注，比如殷文玺（2017）认为，可以利用政府综合财务报告披露的信息建立绩效评价指标体系，进行政府综合财务绩效、部门整体绩效、项目绩效评价。但总体上看，更为具体的、有实际应用价值的研究成果还是缺少。（3）"政府成本会计"的研究。对于政府成本会计，国内理论界认为是政府绩效管理需要。《权责发生制政府综合财务报告制度改革方案》发布前，王瑶（2006）、常丽（2009）、邓九生（2013）等人主要讨论了政府绩效与成本核算关系、如何核算政府成本、怎样建立政府成本会计等。《权责发生制政府综合财务报告制度改革方案》发布后，王华、李杨子（2015），赵卜西等（2016），王雍君（2017）深入探讨了如何建立政府成本会计问题。然而，大多数关于政府成本会计的研究皆落入企业成本会计的窠臼，未能充分考虑公共财政与公共管理的特殊性，研究结果的应用性较弱。[①] 目前，政府成本会计的研究提到政府绩效，但并未明确政府绩效、公共部门绩效和政府预算绩效之间的关系，也未提到政府成本会计对政府预算绩效管理的具体作用。（4）"政府管理会计"的研究。我国学界还是较早认识政府管理会计与政府预算绩效的关系。周蓉蓉（2004）介绍了全面预算管理在事业单位的适用性及其具体编制方法；崔皓瑜（2005）认为，县级财政实行全面预算管理是推行部门预算改革的有效途径。[②] 除广东、上海等地外，2006年我国其他地方政府才开始探索建立预算绩效评价体系。从这方面看，我国学界对政府管理会计的研究步调早于政府预算绩效管理。这些研究大多是关于国外新公共管理运动经验的介绍，并未结合中国国情进行研究，研究成果难以有效指导我国的改革实践。2014年《权责发生制政府综合财务报告制度改革方案》发布后，随着政府会计改革的

---

① 胡志勇. 中国政府成本会计体系构建与实施研究 [M]. 北京：经济科学出版社，2018：9 - 12.
② 张曾莲. 政府管理会计的构建与应用研究 [M]. 厦门：厦门大学出版社，2011：5.

深入，政府管理会计的研究再次引起学界关注，如范君、李定清的《略论我国政府管理会计改革》以及陈世忠、彭俊英的《管理会计在事业单位中的应用》研究等。这些研究主要是以提高公共部门管理绩效为目的，较少结合政府预算绩效管理进行研究。

2. 改革制度的顶层设计系统性匮乏。理论研究的弱协同性既影响我国改革制度设计的弱协同性，也受到改革制度设计弱协同性的影响。政府预算绩效管理是包括事前绩效目标设计、事中动态监控、事后绩效评价的全过程管理。2003 年党的十六届三中全会提出"建立预算绩效评价体系"，也就是说，我国关于政府预算绩效管理一开始的设计是建立事后的"预算绩效评价体系"。《关于全面实施政府预算绩效管理的意见》明确指出，政府预算绩效管理改革设计从原先的事前"预算绩效评价"转向"全方位、全过程、全覆盖"的政府预算绩效管理体系。以往，缺乏事前绩效目标设计、评估和事中动态监控，事后的预算绩效评价就很难保证质量。同时，政府会计在提供政府预算绩效管理信息方面的重要性，也没有得到足够的重视。当时，建立"预算绩效评价体系"改革的具体制度没有及时出台，主要原因有两点：一是当时我国并未面临经济下行与财政收支巨大压力并存的局面，因此国家采用"摸着石头过河"的改革方式。二是当时国家治理体系和治理能力现代化尚未提到改革议程上，政府预算绩效管理还不是最为迫切的改革任务，政府预算绩效管理改革的设计没从"全方位、全过程、全覆盖"三个维度去设计也是很自然的，更不用说考虑政府预算绩效管理与公共部门绩效管理、政府会计的协同改革问题了。

从政府会计改革制度设计看，改革的弱协同性也很明显。改革开放至 2014 年，我国政府会计改革是一种"制度延续性的变革"，其目的是对财政资金使用全过程进行有效控制。换言之，2014 年以前我国政府会计改革设计并未考虑政府预算绩效管理，两者也没有协同性可言。2014 年我国出台《权责发生制政府综合财务报告制度改革方案》，明确指出权责发生制政府综合财务报告是为满足建立现代公共财政、推进国家治理现代化的需要，应利用政府财务报告信息加强政府预算、资产和绩效管理。权责发生制政府会计改革彻底改变我国政府会计原有的改革路径，在改革制度设计上提到政府绩效和现代公共财政两者之间的内在联系。然而，政府绩效、预算绩效、公共部门管理绩效与政府会计相互之间关系仍较为模糊。回顾我国政府会计制度改革，主要是向国际会计准则和制度趋同性发展，是基于较为笼统的提高政府绩效目标的权责发生制政府会计改革，一些制度改革甚至还缺乏足够的理论支撑，比如政府成本会计制度改革。

3. 服务实践提高绩效的协同性弱化。在理论研究与改革设计的弱协同性下，我国政府预算绩效管理与政府会计改革也出现实践的弱协同性。尽管政府预算绩效管理与政府会计改革都是财政部在推进，但两者分属预算司和会计司。政府预算绩效管理与政府会计的改革实践相对独立，按照各自的计划步骤不断地推进。2018 年 9 月我国政府预算绩效管理改革从预算绩效评价转向"全方位、全过程、全覆盖"的绩效管理，未来的改革要"注重结果导向""成本效益分析""赋予部门和单位更多管理权，加强监督问责"等。这些方面必须通过公共部门绩效管理改革来实现，而公共部门绩效管理改革不可避免地需要政府会计的支持。从此角度看，目前我国政府会计改革滞后于政府预算绩效管理改革。我国权责发生制政府会计改革始于 2014 年，四年多来政府会计的改革取得显著成绩。然而，随着改革的深入，政府会计的建设任务越来越艰巨，比如全面开展政府财务报告编制、研究推行政府成本会计、建立健全政府财务报告分析应用体系、制定和发布政府财务报告审计制度及公开制度等。显然，我国政府会计要与政府预算绩效管理出现明显的协同效应，最快也要 3 ~ 5 年甚至更长时间。

三、改革的弱协同性对政府预算绩效管理的影响

财政部门与公共部门之间的"信息不对称"是实施政府预算绩效管理的重要原因之一。尼斯坎南（Niskanen，1971）认为，官员利用"信息不对称"尽量争取预算，官员行为目标是预算最大化而非政治家追求的"边际收益等于边际成本的公共产品提供水平"。在信息不对称情况下，财政资金分配与使用将不可避免地产生公共产品无效率提供的问题。目前，我国政府预算绩效管理采用指标法为主进行预算绩效评价，政府预算绩效指标的申报实际上就是，在信息不对称情况下财政部门要求部门和单位申报财政资金使用的产出、效应或效果。这在一定程度上缓解了信息不对称造成的委托代理关系

"逆向选择"和"道德危机"问题，但政府预算绩效指标并不能解决财政管理的"信息不对称"问题。要解决"信息不对称"就必须建立完善的政府会计制度。可见，政府会计与政府预算绩效管理改革的弱协同性必然对政府预算绩效管理产生负面影响，具体影响如下。

1. 不利于评价预算编制的合理性与准确性。根据尼斯坎南的理论，在信息不对称下，官员与政治家的目标是不一致的，官员利用信息不对称追求预算最大化。事实上，缺乏政府会计支持的部门和单位是无法合理、准确地编制部门预算的，更是缺乏内在动力去编制合理、准确的预算。缺乏足够政府会计信息的支持，财政部门合理、科学地审核公共部门上报的预算数存在较大困难，更多的是根据部门和单位以往的预算支出数和现有财力对预算数进行控制。目前，我国政府财务会计制度已经能较完整地核算和反映单位资产、负债、收入、费用和结余情况。但部门和单位主要以科室为单位进行支出核算，成本信息的缺失成为合理、准确地编制项目预算的瓶颈。在缺乏政府成本会计支持的背景下，政府预算绩效评价更多的是关注项目的产出、效益和效果，对项目成本的合理性无法进行有效的事前评估和事后评价。《关于全面实施政府预算绩效管理的意见》明确指出，要对新出台的重大政策、项目进行事前评估。笔者认为，所有政策和项目预算支出都应当进行事前评估，但这显然受限于政府财务和成本数据信息的缺失。

2. 不利于"结果导向"政府预算绩效管理的实施。《关于全面实施政府预算绩效管理的意见》明确指出，要更加注重"结果导向"政府预算绩效管理。"结果导向"政府预算绩效管理既区别于传统"控制型"政府预算管理模式，也区别于非"结果导向"政府预算绩效管理。传统"控制取向"政府预算管理是以收付实现制预算会计为支持，对财政资金的运动全过程进行控制性管理，主要是关注财政资金使用的合规性、合法性、安全性等。非"结果导向"政府预算绩效管理是对传统"控制取向"预算管理进行延续性改革，关注预算全面性、一致性、准确、诚实和清楚等原则，比如规划—项目公共预算、企业化公共预算、零基预算等。"结果导向"政府预算绩效管理是以权责发生制政府会计为支持，对目标和预算总额集中控制，重点关注预算产出和结果。除了权责发生制政府会计，信息透明度建设、受托责任明晰、法律规章确立、公共资源的可预见性等都是实施"结果导向"政府预算绩效管理的前提条件。[①] 鉴于此，缺乏政府会计支持，"结果导向"政府预算绩效管理则难以有效实施。

3. 不利于成本效益分析的实施。《关于全面实施政府预算绩效管理的意见》明确指出，政府预算绩效管理要强调成本效益分析。政府成本大致分为财务核算的成本、管理会计的成本、经济成本、社会成本几个层次。[②] 具体公共项目的成本和收益类型分为直接和间接、有形和无形、内部和外部等。在公共财政领域实施成本效益分析存在巨大的困难，具体的困难是多方面的，除了成本种类特殊性和复杂性外，还有成本核算对象的确定、成本核算实施主体的认定、成本会计方法的选择、间接费用的归集与分配等问题。这些问题的解决，首先要深入研究政府成本会计理论，其次要建立完善的政府成本会计制度，最后是政府部门和单位要有效实施政府成本会计制度。然而，我国理论界对政府成本会计理论探讨还很不充分，构建和实施政府成本会计制度还需要大量的理论积累。目前，我国政府预算绩效管理在评价项目产出、效益与效果方面取得较大成绩，但项目成本合理性的评价受制于成本信息的匮乏。目前，北京市财政局探索全成本政府预算绩效管理，主要选择学前教育、养老机构运行补贴、水电气热补贴、商业流通等领域进行试点，[③] 其他地方政府也进行了一些有益的探索。笔者认为，当前我国政府在一些相对独立的项目试点成本政府预算绩效管理是可行的，但要全面推行成本政府预算绩效管理还存在很多困难。

4. 不利于赋予部门和单位更多管理自主权。政府成本的有效管理很大程度上取决于公共管理的有效性。在"科层制"模式下，政府注重行政效率，忽视管理效率与质量，结果出现官僚主义、行政运行成本高、服务质量不佳等现象。《关于全面实施政府预算绩效管理的意见》明确指出，应赋予部门和单位更多管理自主权。这符合国家治理现代化的要求，有利于节约政府成

① 胡志勇. 论中国政府会计改革［M］. 北京：经济科学出版社，2010：118 - 119.

② 刘用铨. 政府成本会计研究——基于政府成本信息需求与供给分析框架［D］. 厦门：厦门大学，2014.

③ 中国财政学会绩效管理研究专业委员会课题组. 中国财政绩效报告（2019）——地方经验［M］. 北京：经济科学出版社，2019：403.

本、提高财政资金使用效益。然而，如果这不是以建立现代政府管理制度包括政府会计为前提，赋予部门和单位更多管理自主权将导致管理的混乱与无效率。据此而言，研究政府预算绩效管理与政府会计改革的协同性，实质上是研究政府预算绩效与公共部门管理改革的协同性。目前我国正加紧推进公共部门管理改革，但在公共管理制度完善前赋予部门和单位更多管理自主权可能是无效的。

此外，政府预算绩效管理与政府会计改革的弱协同性还可能对其他方面产生不利的影响，比如预算绩效监控的有效性、预算绩效管理信息公开的完整性、预算绩效评价结果的合理性与科学性、预算评价结果应用的可行性、预算绩效管理约束与激励机制的实施等。

四、国外政府预算绩效管理与政府会计协同改革的经验启示

国外政府预算绩效管理与政府会计协同改革的可借鉴经验主要是在"新公共管理运动"之后，包括英国、美国、法国、澳大利亚等国家的改革经验。笔者简单地总结以下几条。

1. 统一在政府绩效管理框架下的协同改革。新公共管理运动之前，国外政府预算绩效管理与政府会计改革也经历过弱协同性，比如，美国 1961 年的"规划—项目公共预算制度"、1977 年的"零基预算"等预算绩效改革并没有相应的政府会计改革支持，改革最终是无疾而终。正如自组织理论所阐述的那样，系统内部各子系统之间存在非线性的相互作用，这种作用使各子系统之间产生协同演变的要求。政府绩效包括政府人、财、物三者的绩效，政府预算绩效管理属于政府"财"的绩效问题。从财政资金的运动过程看，政府预算绩效管理包括财政资金在公共部门运行的绩效，因此，如果缺失公共部门绩效管理这一环节，那政府预算绩效管理链条将是不完整的、无效的。而公共部门绩效管理必须依靠政府会计的支持。经过长期弱协同改革后，国外最终将政府预算绩效管理、公共部门管理和政府会计放置在政府绩效管理框架下进行协同改革，即所谓的"新公共管理运动"，并取得较为成功的改革经验。如今，我国政府预算绩效、公共部门管理和政府会计改革也产生协同改革的需求，在政府绩效管理框架下统筹安排三者的

改革是必要的。

2. 通过立法来保障改革的协同性。企业的逐利性是其管理改革天然的内在动力，公共部门管理目标的非逐利性与多元化导致改革缺乏内在动力。立法保障政府预算绩效管理与政府会计改革的协同进行是很有必要。20 世纪 70 年代，西方国家政府绩效预算改革逐渐进入一个新的阶段，政府绩效预算和会计改革大多通过立法形式加以保障，比如新西兰 1989 年的《公共财政法案》、1993 年的《财务报告法案》、1994 年的《财务责任法案》以及英国的《政府资源和会计法案 2000》、法国 2001 年的《财政法组织法》、美国 1993 年的《政府绩效与结果法案》等。[①] 立法保障了政府预算绩效管理与政府会计改革的顺利推行，政府预算绩效管理与政府会计改革也取得较为显著的协同效应。立法保障我国预算绩效管理和政府会计改革协同进行是值得考虑的。

3. 推动权责发生制政府会计改革。各国权责发生制改革是不同的。比如，英国资源会计是对传统预算会计系统的补充而非替代，改革旨在为政府部门提供更为准确的管理与决策信息，提供政府部门固定资产的价值、使用以及资本消耗情况等；美国权责发生制改革主要是在基金会计系统引入权责发生制（姚宝燕，2010）；法国中央政府会计系统由预算会计、政府财务会计、成本会计三部分组成，其中政府财务会计和成本会计采用权责发生制基础；[②] 新西兰权责发生制政府会计改革是世界政府会计改革中最彻底的，1989～1990 年绝大多数政府部门成功实现了权责发生制政府会计转型，1991 年实施权责发生制政府综合财务报告，1994 年全面建成权责发生制政府财务管理与预算系统。新西兰权责发生制政府会计带来两个明显结果：财政支出明显减少，权责发生制政府会计运行成本高。[③] 各国权责发生制政府会计提供信息的完整度、真实度、可靠度不同程度地影响政府预算绩效管理。我国要结合政府预算绩效管理的需要，研究如何进一步完善权责发生制政府会计

① 梁新潮，施锦明．地方财政绩效管理理论与实践［M］．北京：经济科学出版社，2017：58－96.

② 财政部国库司《法国政府会计》考察团．法国的政府会计改革［J］．预算管理与会计，2007：28－32.

③ 张琦．新西兰政府会计改革及启示［J］．财会通讯（综合版），2007（8）：18－19.

制度。

4. 加强政府成本核算与控制。政府成本控制离不开成本核算。国外政府成本核算经验各有不同，比如，英国经历汇集核算项目总成本、项目运转成本和引入业绩衡量法三个阶段，[①] 法国政府成本会计系统利用权责发生制政府财务会计的信息对项目进行成本分析。然而，由于项目成本核算方法具有复杂性，政府成本会计系统只是在一些部门间试行并未全面推广。[②] 美国联邦财务会计准则第4号公告——"管理成本会计准则"提出政府采用"完全成本"的核算要求，可选择"作业成本法""分批成本计算法""分步成本计算法""标准成本法"等。[③] 成本核算是实现成本控制的重要基础，但国外改革经验显示，政府成本控制更为主要的是依靠公共管理改革来实现，比如提高政府信息透明度、引入竞争机制、实行政府采购和政府购买、整合政府部门与明确部门职能等。我国预算绩效管理需要成本信息的支持，建立政府成本会计核算制度是很有必要的，但我们也要充分考虑政府成本会计核算的难度和成本会计实施成本等问题。

5. 探索政府管理会计的改革。政府管理会计的实施是以权责发生制政府财务会计为基础，有利于在赋予自主管理权下加强对公共部门的绩效管理。管理会计包括战略管理、预算管理、成本管理、内部控制、绩效管理等。在实施政府管理会计上，各国进行了不同的探索，比如，（1）战略管理方面，1992年澳大利亚公共部门改革要求实施战略计划，1992~1996年新西兰强调整体政府战略行动。（2）预算管理方面，意大利创建中央政府责任中心，1997年在各成本中心实施应计制预算，应计制预算是利用成本计算和控制以保证预算编制的准确性。（3）成本管理方面，美国政府管理会计采用完全成本法核算，对具有特殊性的政府成本做特殊规定，规定了联邦政府成本信息的使用者、目标、成本控制、基本概念和核算要求等。（4）绩效管理方面，

---

① 胡志勇. 中国政府成本会计体系构建与实施研究［M］. 北京：经济科学出版社，2018：38－39.

② 财政部国库司《法国政府会计》考察团. 法国的政府会计改革［J］. 预算管理与会计，2007：28－32.

③ 美国联邦会计准则顾问委员会. 美国联邦政府财务会计概念与准则公告［M］. 陈工孟，张琦，姜海，译. 北京：人民出版社，2004.

1998 年德国联邦政府尝试推行成本和绩效衡量会计系统，要求部门制订绩效计划。1997 年瑞士推行业绩考评和业绩协议。1992 年瑞典中央政府引入绩效管理体系，政府要向国会报告各领域取得的绩效和实现目标等。[①] 国外政府管理会计大多是处于探索改革阶段，其经验值得总结与借鉴。我国可根据公共管理改革的推进情况探索实施政府管理会计。

五、政府绩效管理与政府会计协同改革的对策建议

近年来，我国政府预算绩效管理和权责发生制政府会计制度的改革步伐大且成绩斐然，但二者的改革尚未形成显著的协同效应。为了更有利于评价部门预算编制的合理性和准确性，更有利于实施"结果导向"的政府预算绩效管理和成本效益分析、赋予部门和单位更多管理自主权等，笔者认为要做好以下几件事情。

1. 大力推进政府绩效管理框架下的协同改革。党的十八届二中全会以来，党提出建设廉洁高效的政府、有效的政府治理和国家治理现代化。从宏观层面看，我国有着明确的国家治理和政府治理的改革目标。近年来，我国在政府预算绩效管理、公共部门管理和政府会计改革方面取得较大成绩。然而，政府预算绩效管理与政府会计改革的弱协同性较为明显，改革还未产生明显的协同效应。国外实践经验表明，如果政府预算绩效管理、公共部门管理与政府会计改革缺乏协同性，改革结果是不理想的。政府绩效是政府治理现代化的主要特征之一，因此，政府预算绩效管理与政府会计改革首先要协同在国家治理与政府治理的现代化目标下，其次要协同在政府绩效管理框架下。政府绩效包括人、财、物使用的绩效。政府预算绩效管理改革的目的就是实现财政资金的使用绩效，政府资金的使用绩效主要依靠公共部门管理绩效来实现，政府会计是公共部门绩效管理的重要技术工具。因此，政府预算绩效管理、公共部门绩效管理与政府会计必须在政府绩效管理框架下进行协同改革。

2. 强化立法保障协同改革。目前，我国政府预算绩效管理面临的主要问

---

① 张曾莲. 政府管理会计的构建与应用研究［M］. 厦门：厦门大学出版社，2011：167 – 202.

题之一是部门和单位领导不够重视。尽管《关于全面实施政府预算绩效管理的意见》明确指出"各地各部门要加强对本地区本部门政府预算绩效管理的组织领导""各级政府要将预算绩效结果纳入政府绩效和干部政绩考核体系"，但部门和单位领导不重视政府预算绩效管理的现象还是很普遍。这导致政府预算绩效管理流于形式、难以取得实质性的成效。2019 年 1 月 1 日，我国全面实施政府会计准则制度。目前部门和单位尚未熟悉政府会计准则制度，更谈不上应用制度来提高公共部门管理绩效。"科层制"管理模式下公共部门管理缺乏创新性，如果没有立法保障，我国公共部门绩效管理改革不可能在部门和单位内自发、自觉地开展。一旦有立法保障，《关于全面实施政府预算绩效管理的意见》提到的"赋予部门和资金使用单位更多的管理自主权"才有实施的法制环境。据此，立法保障政府预算绩效管理与政府会计协同改革是很有必要的。

3. 完善权责发生制政府会计改革。目前，我国权责发生制政府会计改革已取得很大成就，具体地讲，有逐渐完善了政府会计的法律制度、建立了较为清晰的政府会计概念框架、引入了权责发生制会计核算基础、政府会计制度与政府会计准则并行、规范了预算会计与政府财务会计的会计要素和会计科目、建立了包括政府决算报告和政府财务报告的报告体系、关注着政府会计信息质量与政府会计职业道德建设等。现行的政府会计准则制度有利于科学、全面、准确地反映政府资产负债和成本费用，有利于未来公共部门绩效管理改革的推行。当然，目前部门和单位对政府会计准则制度还很不熟悉，各部门和单位在应用政府会计准则制度加强成本核算与控制方面存在较大困难，比如，"业务活动费"科目下如何设置明细科目，是按照项目、服务、业务类别或者支付对象设置明细科目，还是在按照科室设置明细科目？哪些成本需要归集到明细科目才能更好地核算及反映出合理、准确的成本信息？目前政府部门和单位的项目和服务分类很不科学，以此为明细科目进行成本归集与核算，其反映的成本信息缺乏可比较性，我们也无法判断其合理性。诸如此类问题的解决需要结合预算管理的进一步改革。未来，权责发生制政府会计制度需要做进一步的完善。

4. 切实促进政府财务报告的应用。权责发生制政府会计制度的实施为编制政府财务报告和政府综合财务报告奠定了坚实的基础。2019 年我国开始全面编制政府财务报告和政府综合财务报告。但我国对如何利用政府财务报告和政府综合财务报告进行政府预算绩效管理缺乏充分的理论研究。笔者认为，政府财务报告和政府综合财务报告提供了整体、全面、系统的信息，据此建立成本绩效分析指标体系、利用政府财务报告进行整体绩效评价、利用政府综合财务报告进行政府预算绩效评价是可行的。然而，如何建立政府财务报告和政府综合财务报告的成本绩效分析指标体系？笔者以为，不同部门和单位政府财务报告的成本绩效分析指标体系差别较大，要根据行业职能、特点分别设置。政府综合财务报告的成本绩效分析指标体系可以考虑政府运行成本、政府资产负债率、政府信息透明度、人均 GDP、生态环境质量、公共风险防范能力等指标。笔者认为，未来部门和单位向社会公开的政府财务报告应该附有部门和单位成本与绩效分析报告，政府向人大报送预决算报告和政府综合财务报告应该附有政府预算成本绩效分析报告。

5. 严格核算与控制政府成本。政府成本信息缺失是政府预算难以实现有效控制的主要原因。权责发生制政府会计使政府成本会计制度的构建与实施成为可能。最近财政部公布《行政事业单位成本核算基本指引》（征求意见稿），意见稿明确指出，指引的目的是完善政府预算绩效管理体系，提高行政运行和财政资源配置效率。政府成本核算制度的构建与实施将极大推动政府预算绩效管理改革的深化。然而，我国政府成本会计核算制度的构建与完善还任重道远，《行政事业单位成本核算基本指引》（征求意见稿）还存在许多需要进一步解决的问题，例如，（1）指引称"成本为单位为实现其职能目标过程中实际发生的各种耗费"。但实际上行政事业单位的单位管理费和业务管理费往往很难区分，这将导致政府成本归集、分配和核算的困难。（2）指引规定"单位应建立健全成本费用相关原始记录"。近些年，政府采用政府采购和政府购买形式来提供公共产品与服务越来越普遍，公共产品与服务的原始数据是指市场出售主体的成本信息，还是政府采购和政府购买的价格信息，指引需进一步明确。（3）指引规定，成本对象包括按"业务活动类型""项目""公共服务或产品""单位整体、内部组织部门、业务团队"四种类型。首先，政府成本会计的实施成本是值得考虑的大问题，有些单位仅项目就多达几十项，项目成本的核算成本将高得惊人；其次，目前部门和单位的项目分类、设置很不科学，每个项目是否都有必要进行成本核算？未来，部门和单位预算管理改革应重视项目的合理分类与设置，这是有效实施政府成本核算与控制的关键；最后，同一公共产品或服务的财政资金可能来自不同部门、单位以及不同层级政府，谁才是成本核算主体？如果所有涉及部门、单位和政府都各自核算成本，那重复核算、核算不完整等问题就不可避免。（4）指引规定"单位可以多维度、多层次地确定成本核算对象"。这是属于管理会计范畴，与指引名称——行政事业单位成本核算不吻合，规定会让部门、单位的财会人员无所适从。（5）指引规定"单位分别选择完全成本法或制造成本法进行成本核算"。鉴于政府领域的特殊性，笔者认为，修正的完全成本法、估计成本法、市场采购或购买价法等都是可选择的核算方法。此外，我国政府成本会计的实施还应考虑县级政府与规模小的部门和单位的实际困难。政府成本会计应考虑不同行业、领域、层次的特点，可以推行就推行，如果存在实施成本大或会计技术不成熟等问题，就暂时不要推行。过于强调"全面推行成本核算"会把政府的"财政管理"机械地变为"财务管理"。虽然政府成本核算有益于成本控制，但政府成本控制更主要的是要依靠公共管理水平的提升。

6. 建立健全现代政府管理会计。政府管理会计的实施不仅要有坚实的政府财务会计、成本会计制度基础，还需要较高的公共管理水平支持。目前，我国在公共部门和单位基本建立内部控制制度，未来还要进一步完善并使之服务于公共部门绩效与政府预算绩效管理。我国政府和部门一直都制定"五年规划"，这实际上就是政府和部门的"战略管理"。但"规划规划，墙上挂挂"的现象在我国各地还很普遍，未来政府和部门要围绕"五年规划"部署年度工作任务，单位要尽可能制订并实施长期规划。随着政府财务会计和成本核算制度的进一步完善，公共部门应根据管理需要进行多维度、多层次的成本分析，以此加强成本管理与控制。完善的政府会计制度的实施将提供大量、充分的财务与成本信息，部门和单位可据此加强预算管理，改革预算编制方式、方法，提高预算编制的准确性，从而更有效地使用财政资金。当内、外部的制度得到完善时，公共部门被赋予更大管理自主权，实施内部绩效评价管理就很有必要。笔者认为，当公共部门拥有较高管理水平和较完善的政府管理会计制度时，部门和单位的内部控制报告、成本会计报告以及政策和项目绩效、部门和单位绩效评价报告可以通过提交经第三方机构审计的管理会计报告形式来完成，管理会计报告将极大缓解政府与部门、单位信息不对称的问题，也将使政府预算绩效管理和公共部门绩效管理很好地结合。

第八章 部门预算绩效管理与公共 财政支出结构优化

一、公共财政支出结构优化研究背景

预算绩效管理开始于 20 世纪 80 年代，在美、英等西方国家率先兴起。预算绩效管理理念从企业引入政府管理领域，是西方国家开展的"政府改革"运动的核心内容。公共财政支出绩效评价也源于西方发达国家公共管理改革的切实需求。西方国家实施的政府公共支出绩效评价制度，可以提高政府管理效率，发挥优化政府公共资源配置效能，增强社会对政府公共支出的监督和了解，绩效评价成果被广泛用于政府部门内部设定项目优先顺序和资源分配，在改进政府形象等方面成效显著，比较典型的有美国、英国、澳大利亚、丹麦、韩国等国家。

从 20 世纪 90 年代开始，美国、英国、加拿大等国基本建立了较为完善的绩效评价制度和体系。1993 年美国第 103 届国会颁布了《政府绩效与结果法案》，通过设定政府财政支出的绩效目标、比较绩效目标和实施成果进行年度绩效评价，提高了政府的工作效率和责任心。英国政府也于 1997 年颁布了《支出综合审查》，要求政府部门每年与财政部签订"公共服务协议"，确定绩效目标，进行年度的绩效评价。到了 20 世纪 90 年代，西方各国基本上建立了较为完善的预算绩效评价制度和体系。

在我国，相对于公共财政支出理论研究和实践而言，对预算绩效管理理论研究和实践相对晚些，对部门预算绩效管理与公共财政支出结构之间的关系研究更少，而在全面实施预算绩效管理背景下公共财政支出结构优化的研究则是少之又少。预算绩效管理对优化公共财政支出结构影响和作用的研究也不多。

党中央、国务院高度重视预算绩效管理工作，从党的十六届三中全会提出"建立预算绩效评价体系"，到党的十七届二中、五中全会分别提出"推行政府绩效管理和行政问责制度""完善政府绩效评估制度"，预算绩效管理作为财政改革和政府绩效建设的关键环节被党中央、国务院多次强调。党的十八大报告提出"创新行政管理方式，提高政府公信力和执行力，推进政府绩效管理"，党的十八届三中全会指出，"财政是国家治理的基础和重要支柱，科学的财税体制是优化资源配置、维护市场统一、促进社会公平、实现国家长治久安的制度保障"。党的十八届三中全会提出要提高财政支出效率。

党的十九大报告首次提出"加快建立现代财政制度，建立全面规范透明、标准科学、约束有力的预算制度，全面实施绩效管理"。2014 年新修订的《中华人民共和国预算法》明确指出各部门、各单位应对预算支出情况开展绩效评价。各部门、各单位应当按照国务院财政部门制定的政府收支分类科目、预算支出标准和要求，以及绩效目标管理等预算编制规定，根据其依法履行职能和事业发展的需要以及存量资产情况，编制本部门、本单位预算草案。

新修订的《中华人民共和国预算法实施条例》进一步明确提出深化预算绩效管理、提高资金使用效益等要求。该条例中关于预算绩效管理的规定，进一步构建了全方位预算绩效管理格局，建立了预算编制、执行和决算全过程的绩效管理链条，有利于进一步优化财政支出结构、节约公共财政支出、应对当前公共财政收支缺口，使财政资金分配更加突出重点、提质增效，切实提高了财政资金使用效益。

为全面加强政府绩效管理，进一步增强政府公信力和执行力，提升国家治理能力和治理水平，2018 年 9 月，中共中央和国务院下发《关于全面实施预算绩效管理的意见》，要求全面实施预算绩效管理，力争用 3～5 年的时间基本建成全方位、全过程、全覆盖的预算绩效管理体系。

党中央、国务院对深化财政预算改革做出一系列重大决策部署，围绕全面实施预算绩效管理等出台一系列重要文件，明确指出要加快建成全方位、全过程、全覆盖的预算绩效管理体系，为部门开展预算绩效管理和优化财政支出结构指明了方向。全面实施预算绩效管理是全面贯彻落实党的十九大精神，推进国家治理能力和治理体系现代化的内在要求，是深化财税体制改革、建立现代财政制度的重要内容，也是优化财政资源配置和提高财政资金使用效益、提升政府部门服务质量的关键举措。

后新冠肺炎疫情时代，受新冠肺炎疫情影响，我国财政收支矛盾进一步突出。在财政收入增速放缓、财政支出预算刚性较强、收支平衡压力不断加大的背景下，政府各部门亟须通过加强预算绩效管理和全面实施预算绩效管理来进一步削减低效、无效支出，不断优化财政资源配置和财政支出结构，将更多的资金和资源用于"六稳"和"六保"，特别是用于促改革、保民生等重点领域，推动经济转向和实现高质量发展。

本书基于全面实施预算绩效管理背景下对公共财政支出结构优化提出的新要求，针对当前部门预算绩效管理和财政支出结构优化调整实践中存在的突出问题，探索在新时代中国特色社会主义条件下，优化部门公共财政支出结构的实施路径。

二、全面实施预算绩效管理与公共财政支出结构优化的界定

（一）全面实施预算绩效管理的概念界定

1. 部门预算绩效管理界定。部门是指与本级政府财政部门直接发生预算缴拨款关系的国家机关、军队、政党组织、事业单位、社会团体和其他单位。

部门预算是编制政府预算的一种制度和方法，由政府各个部门编制，是反映政府各部门全部收入和支出情况的政府预算。"一个部门一本预算"即按政府的每一职能部门编制的预算，实行综合预算，将部门单位的预算收支一并纳入一本预算中。

预算绩效是指预算资金所达到的产出和结果。绩效管理是一种结果导向，预算绩效管理是一种以结果为导向的管理模式，是围绕提高预算绩效的管理理念与实践。它要求在预算编制、执行、监督的全过程中，更加关注财政支出的合法性、合理性和有效性，即预算资金的产出和结果，促使政府部门少花钱、多办事、办好事，向社会公众提供更多、更好的公共产品和公共服务，使财政支出结构更为优化，政府部门行为更加公开、规范、高效。

部门预算绩效管理是指部门为优化财政支出结构、合理配置财政资源和

提升公共服务水平，运用绩效理念和方法，将绩效目标编制、运行跟踪、绩效评价、结果应用等融入预算编制、执行、决算和监督全过程，实现"预算编制有目标，预算执行有监控，预算完成有评价，评价结果有反馈，反馈结果有应用"。

部门预算绩效管理也是部门预算绩效管理制度的重要组成部分，是为了优化支出结构、加强部门财政支出管理、强化部门预算支出责任、提高部门财政资金使用效益的一种制度安排。

2. 全面实施预算绩效管理内涵。《关于全面实施预算绩效管理的意见》提出了"全方位、全过程、全覆盖实施预算绩效管理"，标志着预算绩效管理从探索试点阶段向全面实施阶段的转变。

全面实施预算绩效管理旨在关注财政资金使用效益的同时，着眼健全长效机制，力求优化财政支出结构，从源头和整体上提高财政资源配置效率，着重解决财政资源配置和使用中的低效无效问题，有利于夯实各部门绩效主体责任，推动政府部门效能提升，加快实现国家治理体系和治理能力现代化。

部门全面实施预算绩效管理主要体现在"全面"和"绩效"两个关键点，创新预算管理方式，更加注重结果导向、强调成本效益、硬化责任约束，建成全方位、全过程、全覆盖的预算绩效管理体系，实现预算和绩效管理一体化，着力提高财政资源配置效率和使用效益，改变预算资金分配的固化格局，提高预算管理水平和政策实施效果，为经济社会发展提供有力保障。

全面实施预算绩效管理是政府治理方式的深刻变革，对加快建立现代财政制度意义重大，标志着我国历经十几年探索和推动，全面实施以结果为导向的预算绩效管理模式正式确立。

（二）公共财政支出结构优化的概念界定

1. 公共财政支出及其结构内涵。公共财政支出（以下简称财政支出）是指在社会主义市场经济条件下，政府为发挥其职能，利用经济手段集中社会资源，并向社会提供公共产品和服务，满足社会共同需要。财政支出结构是指财政支出由哪些具体的支出项目所构成，又称为财政支出构成。财政支出结构能够反映各支出项目在财政总支出的地位或比例关系，能够反映不同支出项目之间的相互关系。部门财政支出结构指的是部门各项财政支出项目占财政总支出的比重配置情况，是财政各类支出项目的组合以及数量配比关系。

2. 财政支出结构优化内涵。财政支出结构优化是指在一定时期内，在财政支出总规模占国民生产总值比重合理的前提下，财政支出内部各构成要素符合社会共同需要且各构成要素占财政支出总量的比例相对协调、合理的状态。从社会资源的配置角度来说，财政支出结构直接关系到政府动员社会资源的程度，从而对市场经济运行的影响可能比财政支出规模的影响更大。不仅如此，一国财政支出结构的现状及其变化，表明了该国政府正在履行的重点职能以及变化趋势。

三、影响财政支出结构的因素研究

（一）财政支出分类的分析

财政支出结构是否合理和优化直接影响到政府部门财政职能能否发挥作用。财政支出结构体现政府政治经济政策导向。如上所述，财政支出结构是财政支出的具体组成部分和构成方式。为了研究部门预算绩效管理对财政支出结构的影响，我们首先要了解财政支出分类。财政支出分类是预算管理的基础，也是财政支出结构的项目。

基于不同目的和标准，财政支出有不同的分类，包括性质分类、功能分类、经济分类等。

1. 按财政支出的直接补偿性分类：购买性支出和转移性支出。购买性支出是指政府在市场上购买商品与劳务的各类支出，包括消费性支出和投资性支出。消费性支出是指政府日常行政活动所需商品与劳务的支出，主要涉及行政管理支出、国防支出及教科文卫支出等。投资性支出是指政府用于公共投资所需商品和劳务的支出，主要涉及基础产业投资、发展农业支出等。购买性支出使政府拥有的资金与市场提供的商品和劳务相交换，直接影响社会总需求，从而对社会生产活动产生直接影响。

转移性支出是政府通过一定的渠道和形式对相关社会成员或特定社会集团无偿给予的财政资金转移。转移性支出将政府拥有的资金转移到企业和居民手中，导致资金所有权的转移，对收入分配产生直接的影响；但转移性支出需要间接通过商品市场才能影响社会总需求。

2. 按国家职能（支出的性质）分类。按国家职能分类，财政支出包括行政管理支出、国防支出、科教文卫支出、经济建设支出、其他支出等。财政支出可以反映国家在各个时期的政治经济活动及国家职能范围的变化，并能据此分析国家各项职能的实现程度，通过各类支出的比较研究，便于发现国家职能实现中的薄弱环节，有利于强化财政支出在国家职能的不断完善和巩固中的重要作用。

3. 按财政管理体制分类。财政支出根据政府在经济和社会活动中的不同职权，可以划分为中央财政支出和地方财政支出。中央财政支出是指由中央政府安排的财政支出。地方财政支出是指由各级地方政府安排的支出。中央一般公共预算支出包括一般公共服务、外交支出、国防支出、公共安全支出，以及中央政府调整国民经济结构、协调地区发展、实施宏观调控的支出等。地方一般公共预算支出包括一般公共服务、公共安全支出、地方统筹的各项社会事业支出等。

财政支出按财政管理体制分类，可以真实地反映一定时期内中央与地方政府财力分配情况和各级政府职责事权的实现程度。我国以政府间职责事权划分为基础，不断完善财政管理体制，科学区分中央与地方财政支出，有助于实现中央对全国社会经济的调控与统筹安排，保证各地区社会经济事业的均衡发展。

4. 按政府支出功能分类。按照预算管理要求，财政支出可划分为一般公共预算支出、政府性基金预算支出、国有资本经营预算支出和社会保险基金预算支出。

2020年一般公共预算支出包括一般公共服务支出、外交支出、国防支出、公共安全支出、教育支出、科学技术支出、文化旅游体育与传媒支出、社会保障和就业支出、卫生健康支出、节能环保支出、城乡社区支出、农林水支出、交通运输支出、资源勘探工业信息等支出、商业服务业等支出、金融支出、援助其他地区支出、自然资源海洋气象等支出、住房保障支出、粮油物资储备支出、灾害防治及应急管理支出、预备费、其他支出、转移性支出、债务还本支出、债务付息支出、债务发行费用支出等"类"级科目。

支出功能分类主要反映政府活动的不同功能和政策目标，即政府究竟做了什么，比如，是用于国防、社保，还是用于教育。支出功能分类分为类、款、项三级。

5. 按政府支出经济分类。根据《支出经济分类科目改革方案》的规定，2020 年部门预算支出经济分类科目包括工资福利支出、商品和服务支出、对个人和家庭的补助、债务利息及费用支出、资本性支出（基本建设）、资本性支出、对企业补助（基本建设）、对企业补助、对社会保障基金补助和其他支出十大类。

支出经济分类主要反映政府支出的经济性质和具体用途。支出经济分类设类、款两级。支出经济分类反映政府的钱是怎么花出去的，比如是支付了人员工资还是购买了办公设备。

实施支出经济分类科目改革，可以从支出经济属性的维度清晰、完整、细化反映政府用于工资、机构运转、对事业单位补助、对企业投入以及对个人和家庭补助支出等方面的情况，从而有利于合理确定各级政府和各部门的支出预算，进一步规范各级政府和各部门（单位）的支出行为和优化支出结构，有利于进一步提升预算编制的科学化、精细化水平，提高预算透明度。

从形式上看，各项财政支出，虽然都表现为资金从政府流出，但最终的经济影响是存在差异的。有些表现为政府的商品和服务购买，直接对社会的生产和就业产生影响，并最终影响资源配置；有些表现为资金的无偿转移，关系到收入分配，最终对社会生产和就业产生间接影响。

支出按功能分类后再按经济分类，除了要细化预算，说明政府各项职能的具体支出差别，比如，发了工资，是购置低值易耗的办公用品，还是购置资本性资产外，重要的一点，就是方便对政府的支出进行经济分析。

部门预算支出经济分类体现部门预算管理要求，主要用于部门预算编制、执行、决算、公开、绩效管理和部门（单位）预算会计核算。

6. 按部门预算支出编制内容分类。各部门预算支出为与部门预算收入相对应的支出，包括基本支出和项目支出。

（1）基本支出，是指各部门、各单位为保障其机构正常运转、完成日常工作任务所发生的支出，包括人员经费和公用经费。

　　人员经费主要包括基本工资、奖金、伙食补助费、绩效工资、机关事业单位基本养老保险缴费、职业年金缴费、其他社会保障缴费、其他工资福利支出、离休费、退休费、抚恤金、生活补助、医疗费、奖励金、住房公积金、提租补贴、购房补贴、采暖补贴、物业服务补贴、其他对个人和家庭的补助支出等。

　　公用经费主要包括办公费、印刷费、咨询费、手续费、水费、电费、邮电费、取暖费、物业管理费、差旅费、因公出国（境）费用、维修（护）费、租赁费、会议费、培训费、公务接待费、专用材料费、劳务费、委托业务费、工会经费、福利费、公务用车运行维护费、其他交通费用、税金及附加费用、其他商品和服务支出、办公设备购置、专用设备购置、信息网络及软件购置更新、其他资本性支出。

　　（2）项目支出，是指各部门、各单位为完成其特定的工作任务和事业发展目标所发生的支出。

　　项目支出按部门预算支出编制内容分类可以反映部门支出实际用途，可以用于预算管理和绩效管理。

　　（二）财政支出结构合理性的判断

　　1. 影响财政支出结构的因素研究。财政支出结构是财政资源配置的问题，体现政府政治经济政策导向，支出结构是否合理和优化直接影响到政府财政职能能否发挥作用。优化财政支出内部结构，指在一定的社会政治经济制度下，财政支出结构的确定因不同时期而有差异，即财政支出的增长在特定时期内有一定的侧重。财政支出结构优化包括财政支出结构的数量优化、财政支出要素的改进及优化、财政支出结构内部各个要素的优化三个方面的内容。

　　影响财政支出结构的因素有很多，主要体现为经济因素、政治因素和社会因素。

　　（1）经济因素影响。经济因素可理解为财政支出结构会随着政府经济体制、政策以及经济发展水平和现状而发生相应的变化。马斯格雷夫和罗斯托在分析经济发展阶段与财政支出增长两者关系时指出，在不同的经济发展阶段，政府关注点不同导致不同的财政支出结构。

（2）政治因素影响。政治因素影响财政支出结构表现为宏观和微观两方面，宏观主要体现为一国或地区因政治的需要而导致财政支出增加，微观体现在政府机构的设置和官员办事效率等方面。例如，随着我国社会主义市场经济体制的建立，政府的经济管理职能逐渐弱化，社会管理职能日益加强。伴随着政府职能的转变，财政支出结构也发生了很大变化。

（3）社会因素影响。社会因素主要包含医疗卫生、教育、社会保障和就业、住房等公共问题，这些因素对财政支出结构的影响作用很大。

公共财政支出结构既与一国经济体制和相应的政府职能有关，又受经济发展阶段的制约。中国财政支出结构的演变是与前者相适应的，而合理的财政支出结构最终还是要取决于经济发展阶段。习近平同志在党的十九大报告中指出，经过长期努力，中国特色社会主义进入了新时代，这是我国发展新的历史方位。"我国仍处于并将长期处于社会主义初级阶段的基本国情没有变，我国是世界最大发展中国家的国际地位没有变。""中国特色社会主义进入新时代，我国社会主要矛盾已经转化为人民日益增长的美好生活需要和不平衡不充分的发展之间的矛盾。""必须始终把人民利益摆在至高无上的地位，让改革发展成果更多更公平惠及全体人民，朝着实现全体人民共同富裕不断迈进。"党的十九大报告为财政支出结构优化指明方向，财政支出结构调整优化必须符合我国发展新的历史方位。

2. 财政支出结构合理性的分析。财政支出结构的合理性最终体现为财政资源配置效益和财政支出效益的高低，一般通过绩效评价进行评判。绩效评价是部门根据设定的绩效目标，运用科学与合理的绩效评价指标、评价标准和评价方法，对财政支出的经济性、效率性及效益性进行客观和公正的评价。绩效评价主要是财政支出绩效评价。财政支出绩效评价包括绩效评价主体、原则、依据，评价对象和内容，绩效目标，评价指标、标准和方法，组织管理与工作程序，绩效报告和评价报告，评价结果和应用等内容。

财政支出绩效评价是改善财政资金管理、优化财政支出结构和提高财政资金使用效率的基础，是《预算法》对政府预算管理的基本要求。按照《预算法》的规定，全部财政资金都需要进行绩效评价。部门预算支出绩效评价应当以项目支出为基础，重点评价一定金额以上、与本部门职能密切相关、具有明显社会影响和经济影响的项目。我国部门预算绩效管理的三个维度：

一是部门整体绩效评价，关注对部门预算投入的适当性；二是部门支出结构绩效评价，关注支出结构的合理性；三是部门支出使用绩效评价，关注支出有效性，即预算绩效目标实现（产出结果）以及部门日常职责履行情况。

目前，我国财政支出预算刚性较强，支出预算调控空间受限，不利于支出结构调整和财政资金优化配置。为改变财政支出预算刚性局面，迫切需要对各项财政支出政策和重大项目支出情况开展绩效评价，也需要对部门整体绩效、各项财政支出政策和重大项目支出情况开展绩效评价，为财政支出政策的修正、调整、继续或中止提供必要决策依据，从而达到优化财政支出结构的目的。

四、财政支出结构优化的理论基础

（一）瓦格纳法则

瓦格纳法则又称政府活动扩张法则。财政支出不断增长的根本原因是工业化中的社会进步对政府活动规模扩大的需要、政府保护与管理服务方面的需求、政府干预经济及直接从事生产经营活动的需求、对外部经济效益项目的需求。

随着国民收入的提高，人们对文化、教育、卫生、福利等公共产品及混合产品的需求上升，也促使财政支出不断增长。尽管瓦格纳（Wagner）并没有对财政支出总量增长的全部原因进行分析，但其研究成果已被众多国家的财政支出实践所证实，故被称为"瓦格纳法则"。瓦格纳法则在经济学家对财政支出增长规律的研究中起着重要的作用。

（二）发展阶段增长论

发展阶段增长论，即经济发展的财政支出增长理论，是马斯格雷夫（Musgrave）和罗斯托（Rostow）的重要研究成果。马斯格雷夫和罗斯托在分析经济发展阶段与财政支出增长的关系时，突出强调了不同的经济发展阶段会有不同的财政支出结构。马斯格雷夫把整个财政支出划分为军用支出和民用支出，而民用支出按其经济性质又进一步划分为公共积累支出、公共消费支出和转移支出；同时把经济发展划分为三个阶段，即初级阶段、中级阶段和成熟阶段，并认为在不同的发展阶段，这三类支出的增长情况也不同。

马斯格雷夫认为，转移性支出占 GDP 的比重，要取决于不同时期政府的再分配目标。低收入国家如果出于公平考虑而增加转移性支出，会降低私人储蓄并产生其他的负激励效应，不利于经济增长率的提高，因此经济发展早期的政府转移性支出不会太大。在经济发展中期和成熟期，政府再分配的成本会下降，转移性支出将会有较大程度的增长。具体见表 8 - 1。

表 8 - 1　　　　　　　　　　不同发展阶段的财政支出

类型	经济发展初期（初级）	经济发展中期（中级）	经济发展成熟期
公共积累支出（公共投资）	比重大、增长快（投入较大、占比高）	比重降、增长慢（增长减缓、投入下降）	比重＼增长有所回升（需求提高，投资增长提升）
公共消费支出	恩格尔法则：食品支出比重与家庭收入成反比；公共消费品需求的收入弹性 > 1		
公共消费支出	公共消费支出占社会总消费支出比重相应提高，成熟期更加明显（初级阶段：公共消费增长不十分明显。中级和成熟阶段：随着消费档次的提高，需政府提供配套设施与管理）		
转移性支出	比重小、增长慢（以确保人们的最低生活水平为目标使转移性支出占 GDP 的比例不会增加）	比重上升、增长较快	比重大、增长快（公共支出的目标转向教育、卫生、福利等方面，对社会保障和收入再分配的转移性支出大大增加）

（三）马克思的社会扣除理论

社会总产品中应扣除消费掉的生产资料、扩大生产追加部分后备与保险基金、一般管理费、共同需要部分、丧失劳动能力者基金。马克思在《哥达纲领批判》中批判了拉萨尔所谓的"公平分配不折不扣的劳动所得"之类口号的虚伪性和荒谬性，提出在生产资料公有制条件下，社会总产品分配所应遵循的顺序及其分配原则，即社会总产品对社会成员进行分配时，必须根据社会再生产和社会公共消费的需要，依次进行一系列扣除，这就是著名的"社会扣除理论"。

社会扣除包括三点：第一，用来补偿消费掉的生产资料的部分。第二，用来扩大再生产的追加部分。第三，用来应付不幸事故、自然灾害等的后备基金或保险基金……剩下的总产品中的其他部分是用来作为消费资料的。这部分在进行个人分配之前，还得扣除三种费用：其一，和生产没有直接关系的一般管理费用。和现代社会比起来，这一部分将会立即极为显著地缩减，并将随着新社会的发展而日益减少。其二，用来满足共同需要的部分，如学校、保健设施等。和现代社会比起来，这一部分将会立即显著增加，并将随着新社会的发展而日益增加。其三，为丧失劳动能力的人等设立的基金。总之，就是现在属于所谓官办济贫事业的部分。

马克思关于社会总产品分配的"六项扣除"理论，指明了社会总产品分配的顺序和原则，阐述了社会总产品分配的内部结构，要求社会总产品在分配时，既要满足社会再生产的需要，又要保证社会共同消费的需要，这是整个社会经济进步和发展不可或缺的重要条件。上述"六项扣除"的每一项都与财政分配直接相关，而且其中用于扩大再生产追加部分、智力开发部分、后备部分、社会保障部分、行政管理部分等，都离不开财政的主导作用。

五、我国财政支出结构的现状

研究财政支出结构现状可以从政府财政和部门等不同角度和层面分析。从宏观角度分析，财政支出结构体现为中央或地方本级政府财政支出中各项支出占比；也可以从全国财政支出构成分析，如一般公共服务支出、国防、外交、教育、科技、文化、卫生医疗等支出比重，该角度分析一般可以从政府支出职能分类研究。从微观角度分析，财政支出结构主要指部门预算支出中各项支出占比，例如，基本支出和项目支出的比重，基本支出中人员支出、对个人和家庭补助支出以及公用支出的比重，一般可以从政府支出经济分类研究。

（一）我国公共财政支出结构的变化及其现状

1. 近十年中央预算财政收支增长速度。《国务院关于 2019 年度中央预算执行和其他财政收支的审计工作报告》显示，财政支出结构不断优化，民生等重点领域保障有力。中央财政专项扶贫资金增长 18.9%、污染防治支出 3906 亿元，有效防范化解财政金融风险，三大攻坚战取得关键进展。中央本级社保和就业支出、教育支出、科技支出分别增长 5.6%、6%、12.5%。

从图 8 - 1 可以看出，2010～2019 年，财政收支增长速度在放缓，财政支出增长速度快于财政收入增长速度。

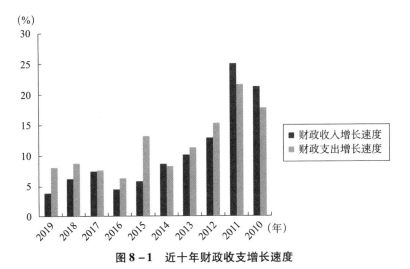

图 8 - 1　近十年财政收支增长速度

2. 我国主要财政支出项目占国内生产总值的比例如图 8 - 2 所示。

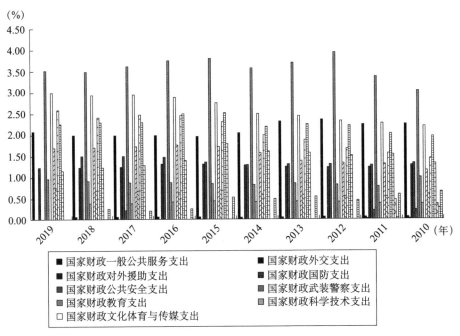

图 8 - 2　财政主要支出项目占国内生产总值的比例

资料来源：国家统计局网站（http://data.stats.gov.cn）。

3. 我国主要财政支出项目占财政支出的比例。

（1）近十年全国财政主要支出项目占财政支出的比重。

从图 8-3 可以看出，近十年我国一般行政事务经费占财政支出比例在下降，而民生支出占比有所提高，特别是教育、社保、医疗等均有不同程度提高。

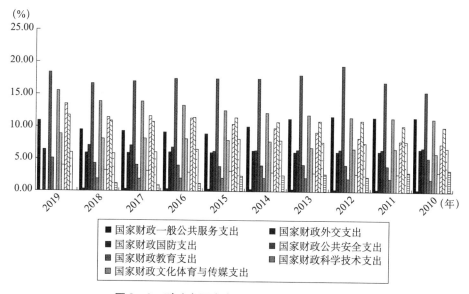

图 8-3 财政主要支出项目占财政支出的比重

资料来源：国家统计局网站（http://data.stats.gov.cn）。

2010 年，国家财政一般公共服务支出占财政支出比例 11.5%，2019 年下降到 10% 左右；2010 年，国家财政教育支出占财政支出比例 15.46%，2019 年上升到 18.32%；2010 年，国家财政社会保障和就业支出占财政支出比例 11.25%，2019 年上升到 15.52%；2010 年，国家财政医疗卫生支出占财政支出比例 5.92%，2019 年上升到 8.81%；2010 年，国家财政城乡社区事务支出占财政支出比例 7.38%，2019 年上升到 13.48%；2010 年，国家财政农林水事务支出 10.02%，2019 年上升到 11.76%；2010 年，国家财政交通运输支出 6.76%，2019 年上升到 5.99%。

（2）2018 年地方政府财政主要支出项目占财政支出的比重。根据国家统计局网站数据，我们可以计算 2018 年各地区一般公共预算支出中教育支出、科学技术支出、文化体育与传媒支出、社会保障和就业支出、医疗卫生支出所占比重。具体见表 8-2。

表8-2 2018年地方一般公共预算支出中部分项目的占比情况

单位:亿元

省份	地方一般公共预算支出 数额	教育支出 数额	占比(%)	科学技术支出 数额	占比(%)	文化体育与传媒支出 数额	占比(%)	社会保障和就业支出 数额	占比(%)	医疗卫生支出 数额	占比(%)
北京市	7471.43	1025.51	13.7	425.87	5.7	245.43	3.3	835.65	11.2	490.09	6.6
天津市	3103.16	448.19	14.4	106.68	3.4	52.92	1.7	505.46	16.3	192.76	6.2
河北省	7726.21	1385.59	17.9	77.04	1.0	115.17	1.5	1137.84	14.7	691.33	8.9
山西省	4283.91	668.03	15.6	59.08	1.4	92.85	2.2	671.65	15.7	358.99	8.4
内蒙古自治区	4831.46	576.33	11.9	26.05	0.5	109.27	2.3	707.2	14.6	315.62	6.5
辽宁省	5337.72	653.88	12.3	75.05	1.4	71.59	1.3	1463.57	27.4	350.62	6.6
吉林省	3789.59	513.82	13.6	41.1	1.1	70.24	1.9	634.1	16.7	281.22	7.4
黑龙江省	4676.75	544.38	11.6	39.52	0.8	46.2	1.0	1024.09	21.9	301	6.4
上海市	8351.54	917.99	11.0	426.37	5.1	186.52	2.2	933.38	11.2	470.12	5.6
江苏省	11657.35	2055.56	17.6	507.31	4.4	197.22	1.7	1316.55	11.3	845.32	7.3
浙江省	8629.53	1572.47	18.2	379.66	4.4	174.59	2.0	914.93	10.6	626.2	7.3
安徽省	6572.15	1113.26	16.9	294.81	4.5	79.77	1.2	954.67	14.5	627.1	9.5
福建省	4832.69	925.06	19.1	115.25	2.4	84.73	1.8	468.15	9.7	441.7	9.1
江西省	5667.52	1054.41	18.6	147.09	2.6	79.1	1.4	761.06	13.4	585.47	10.3
山东省	10100.96	2006.5	19.9	232.74	2.3	153.52	1.5	1253.99	12.4	885.15	8.8
河南省	9217.73	1664.67	18.1	155.67	1.7	103.04	1.1	1298.45	14.1	928.95	10.1
湖北省	7258.27	1065.94	14.17	268.49	3.7	113.15	1.6	1172	16.1	575.74	7.9
湖南省	7479.61	1186.72	15.9	129.94	1.7	134.54	1.8	1095.57	14.6	627.1	8.4

续表

省份	地方一般公共预算支出 数额	教育支出 数额	教育支出 占比（%）	科学技术支出 数额	科学技术支出 占比（%）	文化体育与传媒支出 数额	文化体育与传媒支出 占比（%）	社会保障和就业支出 数额	社会保障和就业支出 占比（%）	医疗卫生支出 数额	医疗卫生支出 占比（%）
广东省	15729.25	2792.9	17.8	1034.71	6.6	321.84	2.0	1508.02	9.6	1407.51	8.9
广西壮族自治区	5310.74	933.22	17.6	64.43	1.2	63.59	1.2	769.7	14.5	546.52	10.3
海南省	1691.3	248.98	14.7	15.04	0.9	47.37	2.8	208.87	12.3	144.46	8.5
重庆市	4540.95	680.99	15.0	68.59	1.5	49.31	1.1	772.13	17.0	372.79	8.2
四川省	9707.5	1461.78	15.1	147.91	1.5	154.91	1.6	1644.17	16.9	880.89	9.1
贵州省	5029.68	985.95	19.6	102.88	2.0	60.8	1.2	537.71	10.7	481.8	9.6
云南省	6075.03	1077.43	17.7	54.94	0.9	72.2	1.2	846.23	13.9	575.42	9.5
西藏自治区	1970.68	232.15	11.8	8.12	0.4	46.02	2.3	107.92	5.5	106.93	5.4
陕西省	5302.44	871.44	16.4	87.22	1.6	126.11	2.4	793.86	15.0	455.31	8.6
甘肃省	3772.23	592.96	15.7	25.74	0.7	72.52	1.9	504.77	13.4	313.53	8.3
青海省	1647.43	199.1	12.1	12.8	0.8	35.49	2.2	230.8	14.0	141.6	8.6
宁夏回族自治区	1419.09	170.47	12.0	34.02	2.4	23.33	1.6	175.99	12.4	105.55	7.4
新疆维吾尔自治区	5012.46	812.88	16.2	42.25	0.8	73.39	1.5	579.06	11.6	286.14	5.7

"从总体上来看，2018 年全国财政支出的增长结构确实在进一步优化，特别是对于三农、科技创新、生态领域和民生领域的支持投入，从财政支出的增长情况看，这些项目领域的增长大于其他项目的增长。"[1]

(二) 部门财政支出结构现状

由于没有搜集到全国部门预算支出数据，本书以教育部 2019 年度部门决算和福建省教育厅 2019 年度一般公共预算支出为例说明部门支出结构。

1. 教育部 2019 年度 "本年支出" 合计 33 264 485.17 万元。其中，基本支出 20 758 530.77 万元，占 62.4%；项目支出 12 476 487.55 万元，占 37.5%；经营支出 29 336.85 万元，占 0.1%；对附属单位补助支出 130 万元。在教育部 2019 年度支出构成中，基本支出占比大，项目支出占比小。2019 年度教育部一般公共预算财政拨款支出 9 503 528.10 万元，其中人员经费 7 924 718.05 万元，占 83.39%，公用经费 1 578 810.05 万元，占 16.61%。[2]

2. 福建省教育厅 2019 年度一般公共预算支出经济分类情况见表 8-3。

表 8-3　　　　　　2019 年度一般公共预算支出经济分类情况

科目编码	科目名称	预算数（万元）	占比（%）
301	工资福利支出	247 268.36	27.91
302	商品和服务支出	481 390.54	54.34
303	对个人和家庭的补助	96 920.71	10.94
309	资本性支出（基本建设）	5 495.46	0.62
310	资本性支出	54 835.67	6.19
	合计	885 910.74	100

一般公共预算拨款支出预算 885 910.74 万元。其中，基本支出 550 594.56 万元，占 62.15%，项目支出 335 316.18 万元，占 37.85%。在基本支出 550 594.56 万元中，人员支出 189 920.18 万元，占 34.49%；对个人和家庭补助支出 33782.96 万元，占 6.14%；公用支出 326891.42 万元，

---

① 财政部举行新闻发布会，向社会公布了 2018 年财政收支情况。
② 中华人民共和国教育部网站的教育统计数据和教育发展统计公报。

占 59.37%。[①]

以上数据表明，从我国部门预算绩效管理的角度考察，我国财政支出结构，特别是部门支出结构的合理性和有效性仍然存在一些问题。财政支出中各项支出比例是否符合"六稳""六保"的要求，在"十四五"期间和后疫情时代，如何优化财政资源配置、深化部门支出结构调整优化和提高预算绩效值得我们深入分析研究。

六、财政支出结构存在的问题及其原因剖析

（一）财政支出结构存在的问题

1. 财政支出结构的数量不合理。2010 年，全年国内生产总值 397 983 亿元，比 2009 年增长 10.3%。全国一般公共预算支出 89 575 亿元，同比增长 17.4%。全国一般公共预算支出占国内生产总值 22.51%。2015 年，全年国内生产总值 676 708 亿元，比 2014 年增长 6.9%。全国一般公共预算支出 175 767.78 亿元，增长 13.2%。全国一般公共预算支出占国内生产总值 25.97%。2019 年，全年国内生产总值 990 865 亿元，比 2018 年增长 6.1%。全国一般公共预算支出 238 874 亿元，同比增长 8.1%。全国一般公共预算支出占国内生产总值 24.11%。[②]

由上述资料可以看出，全国一般公共预算支出增长幅度不断下降，从 2015 年开始，全国一般公共预算支出占国内生产总值比例也在下降，财政支出结构的数量不合理将会影响到财政支出结构调整优化。

2. 财政支出结构内部各个要素组合比率不适当。财政支出结构是否优化，支出绩效在很大程度上取决于经济分类支出组合的适当性，包括：（1）基本支出与项目支出间的组合比率；（2）项目支出内部成分间的组合比率；（3）基本支出内部成分间的组合比率，尤其是人员支出（人员经费）和非人员支出（公用经费）的组合比率；（4）资本性支出与非资本性支出的组合比率等。以上组合比率不当意味着支出结构的配置不合理，具体表现为某

---

① 福建省教育厅网站信息公开的财政资金和统计信息。
② 《中国统计年鉴》（2011 年）和《中国统计年鉴》（2020 年）。

些支出相对过多或过少。

从上述资料中不难看出部门支出结构中存在一些问题。例如，基本支出，特别是一般性支出，其行政运行管理费偏高；基本支出与项目支出范围界定不清；基本支出中人员经费与公用经费比例不够科学。

优化财政支出内部结构，就是要根据不同时期的社会经济需要，调整财政支出的重点，解决社会经济发展的主要矛盾，从而为控制财政支出的非理性增长创造条件。

3. 财政支出要素不合理。财政支出要素不合理主要体现在财政支出结构中各职能要素的占比。2019 年，全国一般公共预算支出 238 874 亿元，同比增长 8.1%。其中，中央一般公共预算本级支出 35 115 亿元，同比增长 6%；地方一般公共预算支出 203 759 亿元，同比增长 8.5%。主要支出科目情况如下：教育支出 34 913 亿元，同比增长 8.5%；科学技术支出 9 529 亿元，同比增长 14.4%；文化旅游体育与传媒支出 4 033 亿元，同比增长 2.3%；社会保障和就业支出 29 580 亿元，同比增长 9.3%；卫生健康支出 16 797 亿元，同比增长 10%；节能环保支出 7 444 亿元，同比增长 18.2%；城乡社区支出 25 681 亿元，同比增长 16.1%；农林水支出 22 420 亿元，同比增长 6.3%；交通运输支出 11 413 亿元，同比增长 1.2%；债务付息支出 8 338 亿元，同比增长 12.6%。[①]

近十年的财政支出数据反映出我国财政支出结构相对不合理。主要体现在：一是政府投资所占比例过大，经济增长长期依赖于大规模政府公共投资。但政府投资规模过大会产生挤出效应，影响市场机制作用发挥，从而导致经济整体效率下降，不利于高质量发展，且效率下降和挤出会进一步增大对政府公共投资的依赖，导致恶性循环。同时，政府的生产性支出过多会挤占社会性支出。二是一般性支出比例大，一般性支出过多挤占基本民生支出。2015 年一般公共服务支出 13 547.79 亿元，全国一般公共预算支出 175 767.78 亿元，增长 7.71%。2019 年一般公共服务支出 20 344.66 亿元，占全国一般公共预算支出 8.52%。[②]

---

① 《中国统计年鉴》（2020 年）。
② 《中国统计年鉴》（2016 年）和《中国统计年鉴》（2020 年）。

虽然，近几年来财政在教育、卫健、科技和社保等民生支出均有大幅度增长，但目前我国在民生领域仍然存在着不少短板，就业、教育、医疗、居住、养老等公共服务供给难以满足人民日益增长的美好生活需要，收入分配差距依然较大，城乡区域公共服务差异仍十分显著。

推进我国经济转型和高质量发展的关键是实现创新驱动，其主要依赖于科技和教育。但目前我国教育和科技财政投入存在总量不足、结构不合理以及效率不高的问题。财政支持的重点不突出，结构有待于优化，方式过于单一，市场和社会作用不突出，资金使用效率有待进一步提升。财政在促进我国经济转型和高质量发展方面的支撑功能仍有待强化。

（二）财政支出结构不合理的深层次原因剖析

1. 财政支出结构不合理原因分析。近年来，部门预算绩效管理在优化财政支出结构、规范财政支出行为、提高财政资金使用效率等方面发挥了重要作用，但与国家治理体系和治理能力现代化的要求相比，还存在预算绩效目标设定不够科学、绩效自评不够准确规范、预算绩效管理范围小、评价项目数量和金额比重不高、评价指标体系不完善、绩效理念不强和人员素质有待提高、评价方法有待完善、评价效果应用不充分和主体责任约束力不强等问题。

2. 财政支出结构不合理的深层次原因剖析。从全面实施预算绩效管理要求分析，形成部门支出结构不够合理的深层次原因主要如下。

（1）预算编制不够优化。部门预算编制不够优化主要表现在：一是预算编制方法不科学。目前，我国大多数的部门支出预算仍采用传统的基数法编制。基数法是以上一年度每一项目的支出数额作为基数，考虑各种影响因素或按一定比例确定下一年度各项支出数额的一种预算方法。其特点为逐项确定支出预算、以每一项目过去的支出数额为依据、以人员经费的保障为重点、强调的是资金使用的管控而不是支出的绩效或成本。基数法造成部门支出的固化影响财政支出结构的调整优化。二是预算管理模式不科学。以绩效目标和结果为导向的绩效预算管理模式尚未构建。三是预算管理方式不科学，预算支出标准体系不完善。具体表现在没有建立一套完整的标准成本和支出标准体系、结果导向观念不强、不重视预算绩效的成本效益、责任约束软化、没有将绩效指标与支出标准和预算安排等有机衔接匹配等。

（2）预算执行不够硬化。部门预算执行不够硬化主要表现在：一是预算执行中缺少预算绩效监控。目前在预算分配活动中，预算下达后，预算执行情况、预算执行结果很少有人去追究。绩效管理与预算管理存在"两张皮"现象。二是主体责任约束不够硬化。预算绩效管理主体责任没有落实到位，绩效管理的责任约束机制不够硬化。三是绩效约束不够硬化。绩效评价的激励与约束机制缺失，绩效结果与预算安排挂钩的机制尚未建立，预算绩效管理对优化财政资源配置和提高部门效能的作用没有充分发挥。

（3）决算评价不够细化（深化）。部门决算评价不够细化主要表现为：一是预算绩效评价不够细化。绩效评价工作的质量有待提高，表现为重点评价不够规范、绩效指标设置不够科学、自评质量不高、评价结果应用不足、评价作用发挥不够等方面。二是绩效评价指标不够系统科学，分类型、分行业、分领域绩效指标体系有待于完善，特别是个性指标弱化，共性指标固化、虚化，权重设置不科学，没有突出问题导向和绩效导向，不利于实现绩效评价的准确性和效率性。三是绩效评价结果应用不足、不充分。财政部的文件要求将绩效评价的结果作为预算安排、预算调整的重要依据，财政支出绩效管理参与预算编制、执行、监督等决策，但目前尚未建立绩效评价结果与预算安排、政策调整、改进管理实质性挂钩机制。此外，评价方法也存在不科学等问题。

（4）预算监督不够强化。部门预算监督不够强化主要体现在：一是预算绩效法治基础不实，预算绩效管理的相关法律法规不完善。二是预算绩效公开制度不全，尚未健全预算绩效管理及评价结果反馈整改机制、信息公开机制、预算挂钩机制和绩效问责机制等，尚未将绩效目标设定、跟踪、评价、结果、整改等情况向社会公开，信息公开透明度不高，等等。三是预算绩效评价结果的报告机制不完善等。

七、全面实施预算绩效管理背景下财政支出结构优化的思考

中华人民共和国成立以来，我国财政公共资源的配置、财政支出结构的调整和优化是与我国政治经济社会发展相一致的，为了更好地适应我国"十

四五"和新时代政治经济社会发展需要,有必要进一步深化财政支出结构改革。优化部门财政支出结构的途径必须基于全面实施预算绩效管理的角度考察。

本书以党的十九大关于"全面实施绩效管理"要求和"意见"为指导,从"优化预算编制、硬化预算执行、细化(深化)决算评价、强化预算监督"四个维度来阐述推动部门全面实施预算绩效管理和优化财政支出结构。

(一)优化部门预算编制——实现财政支出结构优化的前提

1. 优化预算编制方法。财政支出结构优化必须推行科学的预算编制方法——零基预算,运用零基预算理念科学核定支出,提高预算编制的科学性和准确性,优化部门支出结构。零基预算是指对所有的财政收支,完全不考虑以前的水平,重新以零为起点而编制的预算。全面实施零基预算编制方法,即在对每个部门上一年度的工作任务和年度内新增工作任务进行全面审核的基础上,确定部门各项支出的一种预算方法。

部门应将深入推进零基预算改革作为全面实施预算绩效管理、优化部门支出结构的突破口,以"零"为基点编制预算,打破"基数+增长"的传统预算编制方法,全力推进零基预算改革,在新冠肺炎疫情时期和后疫情时代,从严从紧编制年度基本支出和项目支出预算。

部门要坚持精打细算、量入为出,加大支出结构调整力度,科学安排部门预算支出,全力保障政府确定的重点领域支出,严格控制和压减一般性支出,把有限的部门财政资金用在刀刃上,用出绩效,确保各项支出政策措施落地见效。财政支出结构优化的具体思路如下。一是处理好基本支出与项目支出比例,处理好人员经费与公用经费关系,严控一般性支出,尤其是"三公"经费、差旅、会议、培训费等支出,加强对相关支出事项必要性、合理性的审核,不得安排无实质内容的公务活动。二是进一步压减非刚性、非急需、非重点项目支出,严控增支事项,对资本性支出进行结构性调整,压缩一般公共服务支出比重,优先保障"六稳""六保"等重点支出,加大对保运行和重点项目支出的保障力度。三是加大部门各类资金统筹力度,大力调整优化支出结构,存量资金优先保障政府确定的重大政策和项目支出,加强一般公共预算、政府性基金预算、国有资本经营预算的统筹衔接。

2. 优化预算管理模式。财政资源配置和支出结构的优化必须推行绩效预算，构建新的部门预算管理模式。绩效预算是一个以绩效目标的结果为导向对部门资金使用进行绩效考评的预算管理模式。

绩效预算，是指以目标为导向、以项目成本为衡量、以业绩评估为核心，将资源分配的增加与绩效的提高相结合编制预算的一种方法。其应用步骤主要包括量化预算项目的绩效目标、基于绩效目标确定预算项目的资金需求、监控预算项目的绩效情况、对预算项目的绩效进行评价和反馈等。

部门要改预算绩效为绩效预算。预算编制和批准以绩效目标为依据，预算执行和调整以绩效目标为依据，决算也以绩效目标为依据。将绩效预算执行结果作为部门下一个年度预算分配安排的主要依据，并对预算执行绩效不佳的部门、单位和个人进行问责。

绩效预算是强调预算资金与预期成果之间关系的计划、预算和评估制度。"绩"是指财政支出所要达到的目标。"效"是指用具体指标评估完成目标的情况和取得的成效。"预算"是指财政为这一支出目标提供的拨款额。绩效预算是强调政府责任和绩效改善整个过程的有机组成部分。绩效预算管理是国家实现治理现代化的基本要求。

部门实施绩效预算制度、优化财政支出结构的具体思路如下。

（1）以结果为导向，预算编制环节突出绩效目标导向。绩效目标是部门在项目计划期内，通过一定的财政资金投入所要达到的预期产出、效益和效果。绩效目标是部门预算绩效管理的基础和龙头，也是预算执行绩效监控和事后绩效评价的基本依据，对于落实资金使用单位主体责任、强化部门自我管理具有重要意义。

实行全过程预算绩效目标管理是部门预算绩效管理的重要内容和基础环节，也是优化部门财政支出结构的核心。部门应建立"预算编制有目标、预算执行有监控、预算完成有评价、评价结果有反馈、反馈结果有应用"的预算绩效管理模式，加快实现部门本级政策和项目等绩效目标管理全覆盖，加快设立部门和单位整体绩效目标。部门预算单位全部纳入绩效目标编制范围，部门既要编制项目绩效目标，也要编制部门整体绩效目标。

预算绩效目标应与部门预算同步编制、同步提交、同步审核、同步批复下达、同步执行、同步调整、同步监督，与预算管理流程紧密契合、保持一致,实现预算与绩效管理一体化。

财政部门要严格绩效目标审核,对未按要求设置绩效目标或审核未通过的项目一律不予安排预算,必要时可以组织第三方机构独立开展绩效评估,审核和评估结果作为预算安排的重要参考依据。

(2)绩效关口前移,开展事前绩效评估。为从源头上防控财政资源配置的低效、无效,优化财政支出结构,部门应将绩效管理关口前移,建立重大政策和项目事前绩效评估机制。部门应对新增重大政策、项目,结合预算评审、项目审批等开展事前绩效评估,评估结果作为申请和安排预算的前置条件和必备条件。部门应把事前绩效评估作为抓好预算绩效的重中之重,严格按"先评估再预算"原则编制预算,从源头上提高预算编制的科学性和精准性,优化财政支出结构。

在预算编制中充分体现结果导向,应把财政对项目的绩效评价、部门绩效自评作为项目纳入预算安排的前置环节,对资金使用绩效差、低效率的项目削减预算,对无效的项目支出一律收回预算并重新安排到急需的领域使用,最大限度发挥财政资金使用效率。评价结果将作为改进预算管理、预算安排和政策调整的重要参考依据加以充分利用。

事前评价应以决策科学性、计划目标完整性、资金预算关联匹配性、风险可控性为重点,目标是完善预算方案、改进计划目标。

3. 优化预算管理方式。结合零基预算编制方法的实施,财政部门和预算部门应全面开展支出标准(标准成本)和绩效标准(指标)制定工作,为科学核定预算、打破固化僵化支出格局和基数概念奠定基础。

财政部门应加快推进财政支出标准制定工作,建立完善的预算支出标准体系,构建分行业、分领域、分层次的核心绩效指标和标准体系,推进标准成本和支出标准化管理,健全支出预算排序机制。

预算支出标准体系包括支出标准和绩效标准。

(1)建立支出标准。财政支出结构调整优化必须建立健全支出标准体系。优化财政支出结构必须强调支出成本效益,突出绩效指标与支出标准和预算安排等的衔接匹配。

为满足绩效评价、优化财政资源配置,我们应当设置成本、效益等绩效目标,以便财政部门等将其评估结果作为预算资金安排、定额标准制定的重要参考依据；同时，方便衡量部门整体运行效率、核心业务实施效果、政策和项目预算资金使用效果。

财政部《管理会计应用指引第804号——行政事业单位》（征求意见稿）指出，部门成本管理可应用标准成本法、作业成本法、完全成本法等工具方法。部门应用标准成本法可根据有关法规制度和定员定额标准，并按照行政事业单位的成本内容分类分项制定标准成本。成本法可应用于单位的预算管理和绩效管理过程。因此，绩效目标应包括成本、标准成本等指标。

按照经济用途设置的成本项目包括工资福利费用、商品和服务费用、对个人和家庭的补助费用、对企业补助费用、固定资产折旧费、无形资产摊销费、计提专用基金等。

部门建立支出标准有利于加强成本核算工作、完善预算绩效管理体系、提高财政资源配置效率、优化财政支出结构，有利于推行部门单位成本核算、降低行政运行成本。

（2）优化绩效标准。部门应建立并完善分行业、分领域绩效指标体系，让绩效目标设置更加科学合理、可比可测。部门可根据财政部门规定选用通用的、共性的绩效指标体系，如预算绩效评价指标等，并根据绩效评价对象和绩效目标设计个性化的指标。

就部门预算绩效评价而言，政府支出经济分类比其他分类显得更为重要。现行预算法及其实施条例规定部门预算按经济分类编制到类级科目。这项规定为把支出经济分类绩效评价纳入预算绩效评价确立了法理依据。目前，我国财政支出在预算管理、绩效管理和会计核算中采用的支出分类有所不同。为了实现部门预算管理与绩效管理一体化，我们应加强部门预算绩效管理与预算管理的衔接，建议优化绩效指标时，将政府支出分类科目嵌入绩效指标，强化绩效指标与预算安排的关联，对采取因素计算分配的项目，将其中与预算安排相关的分配因素全部作为核心指标，独立设置标识作为约束性指标，便于跟踪问效。

将政府支出分类科目嵌入绩效指标有利于运用绩效大数据管理、打通数据通道、防止数据"信息孤岛"形成、实现数据互联互通。指标库数据与预算数据、绩效数据和会计数据进行即时连接以及实时更新，有利于做到科学合理、全面完整、具体细化，提高可操作性和实用性。

（二）硬化部门预算执行——实现财政支出结构优化的核心

1. 硬化预算绩效监控。

（1）硬化预算和绩效"双监控"。在部门预算执行阶段，按照"谁支出、谁负责"的原则，对绩效目标实现程度和预算执行进度实行"双监控"，发现问题要分析原因并及时纠正，确保预算进度和绩效目标如期保质保量实现。

部门通过绩效目标实现程度和预算执行进度开展"双监控"，不仅有利于发挥预算绩效管理信息系统的作用，及时调整预算执行过程中的偏差，避免出现资金闲置和损失浪费，而且有利于及时纠正支出政策和项目实施中存在的问题，堵住管理漏洞，确保财政支出不走样、不走偏，提高财政资金使用安全率和效率，确保绩效目标按期实现。

财政部门实施"双监控"，可以推动部门全面开展绩效自评，对财政资金开展绩效重点评价，评价结果与预算安排和政策调整相挂钩。

（2）硬化事中评价。事中评价是实现财政支出结构优化和财政资源配置高效的基础。事中评价以计划执行力、制度执行力、配套保障力、管理有效性的跟踪评价为重点，目标是纠偏纠错，改善执行流程和规章，实现财政绩效精细化管理，建立重大政策、项目绩效跟踪和评价机制，按照项目进度和绩效情况拨款，对存在严重问题的要暂缓或停止预算拨款。

2. 硬化主体责任约束。

（1）硬化绩效管理责任主体。部门是预算执行主体，是预算绩效管理的责任主体，也是优化财政支出结构的责任主体。《中华人民共和国预算法实施条例》明确规定了财政部门和各部门、各单位在预算执行中的主要职责规定，厘清了财政部门和预算单位的职责分工，强化了各部门、各单位的部门预算执行主体地位。该条例规定，预算执行中，各部门、各单位的主要职责为依法组织收入，严格支出管理，实施绩效监控，开展绩效评价，提高资金使用效益，汇总本部门、本单位的预算执行情况，定期向本级政府财政部门报送预算执行情况报告和绩效评价报告。

为了优化财政支出结构、提高支出绩效，我们必须进一步突出部门承担主体责任、压实绩效评价主体责任。财政支出的责任和效率得到进一步强化，可以有效地促进部门对预算支出绩效的重视，财政资金使用效率会得到进一步提高。

部门要自觉主动地将绩效理念、方法贯穿于预算管理全过程，应密切跟踪预算执行进展，加强预算执行分析，加强绩效运行监控，将绩效评价结果作为预算安排、健全制度、完善政策的重要依据；应按照全面实施预算绩效管理的有关规定，自行或委托第三方机构独立客观地对部门资金使用情况开展绩效评价；通过绩效管理和评价及时发现资金使用中存在的问题和不足，将绩效评价结果作为改进管理和编制以后年度预算的决策依据。

（2）硬化绩效管理责任约束，强化绩效管理激励约束。财政部门和预算部门应完善绩效管理的责任约束机制，建立绩效运行监控结果反馈与整改相结合机制，对绩效运行监控中发现问题、达不到绩效目标或监控结果较差的，予以通报批评，并责令其限期整改，对绩效好的政策和项目原则上优先保障，对绩效一般的政策和项目要督促改进，对交叉重复和碎片化的政策和项目予以调整，对低效无效资金一律削减或取消，对长期沉淀资金一律收回并按照有关规定统筹用于急需支持的领域。

在财政支出绩效管理活动中，对于专项资金预算绩效目标评审中发现的问题，部门要调整和优化预算安排，对财政支出绩效评价中发现的问题，部门要进行整改和落实，从而在下一年评审或评价的活动中减少问题。

部门应结合审计监督、财务检查等活动，对全面实施预算绩效管理的情况加强监督管理，加强对下一级预算单位预算绩效管理工作的指导和考核，建立健全考核结果通报与反馈制度，逐步实现绩效评价结果与预算安排挂钩，探索将绩效管理工作成效作为考核评价干部的有效参考，对绩效监控、绩效评估评价结果弄虚作假或预算执行与绩效目标严重背离的下级部门、单位及其责任人进行追责。

部门负责人对本部门预算绩效负责，项目责任人对项目预算绩效负责，明确责任主体，压实责任，采取通报、约谈、重大项目的责任人以及实行绩效终身责任追究制等手段进行追责问责，切实做到"花钱必问效、无效必问责"。

政府相关部门应建立激励机制，将预算绩效结果纳入部门绩效和干部政绩考核体系，作为领导干部选拔任用、公务员考核的重要参考依据。

通过财政支出绩效管理，可以硬化预算绩效约束和支出责任，不断提升预算分配水平，优化支出结构，提升支出绩效。

（三）细化（深化）决算绩效评价——实现财政支出结构优化的途径

1. 深化绩效评价机制。绩效评价是指根据设定的绩效目标，依据规范的程序，对预算资金的投入、使用过程、产出与效果进行系统和客观的评价。

《中华人民共和国预算法实施条例》遵循《预算法》关于各级预算应当讲求绩效的原则，在《预算法》关于绩效目标管理、支出绩效评价结果、开展绩效评价规定的基础上，进一步明确绩效评价的概念，规定绩效评价结果作为改进管理和编制以后年度预算的依据。财政部门组织和指导预算资金绩效监控、绩效评价，各部门、各单位实施绩效监控，定期向本级财政部门报送预算绩效评价报告。

年度预算执行结束后，部门要根据财政部门要求，结合部门决算编制工作，在决算环节全面开展绩效评价，并将绩效评价结果报送财政部门。

决算绩效（事后）评价主要从效率、效果、可持续性三维度评价财政预算和专项支出的目标实现度，据以形成下年度部门预算分配依据、预算部门整改依据，发挥决算对预算的反映和促进作用。

部门从以下几方面深化绩效评价机制。

（1）拓宽预算绩效管理实施对象。即从政策和项目预算方面向部门预算拓展，逐步提升绩效管理层级，在更高层面统筹和优化资源配置，将预算绩效管理要求与本部门实际相结合，整体谋划，分步实施，逐步推进部门开展整体绩效自评；同时，根据全面推进、突出重点原则，建立健全重点绩效评价常态机制，对重大项目、民生类项目开展重点绩效评价，尤其是强化对延续性重大项目的追踪问效，建立动态调整、清理和退出机制。

（2）完善绩效评价体系，建立多层次绩效评价体系。绩效评价是指根据经批准的预算绩效目标、绩效指标和相应权重，运用科学的绩效评价标准和绩效评价方法，通过对预算项目绩效相关数据资料等信息的采集、整理、汇总以及满意度测评、专家评审论证等，获得预算绩效目标最终结果的过程。绩效评价包括事前（预算编制）、事中（预算执行）和事后（决算）绩效评价。

《关于全面实施预算绩效管理的意见》明确提出，各部门、各单位对预算执行情况以及政策、项目实施效果开展绩效自评，各级财政部门建立重大政策、项目预算绩效评价机制，逐步开展部门整体绩效评价，对下级政府财政运行情况实施综合绩效评价，必要时可以引入第三方机构参与绩效评价。

建立绩效自评和外部评价相结合的多层次绩效评价体系，不仅能够落实部门和资金使用单位的预算绩效管理主体责任，推动提高预算绩效管理水平，而且能够全方位、多维度反映财政资金使用绩效和政策实施效果，促进提高财政资源配置效率和使用效益，使预算安排和政策更好地贯彻落实党中央、国务院重大方针政策和决策部署。

（3）加强绩效评价指标体系建设。绩效评价标准是指衡量预算绩效目标完成程度的尺度。绩效评价标准具体包括计划标准、行业标准、历史标准等。

绩效评价指标体系的建设，必须优化完善共性指标和个性指标。为了促进预算管理与绩效管理和政府会计核算口径的统一，我们必须在绩效评价指标体系中嵌入政府支出分类科目和标准成本项目，如部门预算支出功能分类和经济分类科目，便于预算编制、执行和监督与预算绩效评价的衔接；同时，建立健全定量和定性相结合的共性绩效指标框架，构建分行业、分领域、分层次的核心绩效指标和标准体系，逐步实现绩效信息横向可比较、纵向可追溯，让绩效目标设置更加科学合理、可比可测。

（4）创新绩效评价方法，提高绩效评价结果的客观性和准确性。绩效评价方法可以采用成本效益分析法、比较法、因素分析法、最低成本法、公众评判法等。决算绩效评价方法主要采用比较法和对标法等。

2. 细化（深化）评价结果应用。

（1）加强评价结果反馈应用。绩效评价结果反馈制度是对绩效运行监控中发现问题、达不到绩效目标或监控结果较差的，予以通报批评，并责令其限期整改，形成反馈、整改、提升绩效的良性循环。

绩效评价结果的应用是部门预算绩效管理、优化部门预算支出结构的重要目的，是推进全面预算绩效管理的落脚点，也是部门预算绩效管理取得实效的基础所在，直接关系到绩效管理工作的成败。

在部门决算环节，各部门应全面开展绩效自评，如实反映绩效目标实现结果，对绩效目标未达成或目标制定明显不合理的，相关部门要做出说明并提出改进措施，无正当理由的后续不再安排预算。

各部门应将财政重点绩效评价结果作为项目预算编制的参考依据，并将评价结果反馈给项目主管预算部门，要求其根据评价结果改进项目管理。

（2）建立绩效评价激励约束机制。建立评价结果挂钩机制，要求绩效评价结果与预算安排、政策调整、改进管理实质性挂钩，体现奖优罚劣和激励相容导向。

对绩效评价结果较好的，一是在预算安排时继续予以支持，属于延续项目的优先安排资金，属于一次性项目的对同类项目予以倾斜等；二是给予相应的激励，既可以安排相应的奖励经费，也可考虑将评价结果与部门公用经费、激励经费等挂钩，还可以考虑赋予部门在预算调整、资金使用等方面的更大自主权等；三是对相关部门进行通报表扬，将评价或考核结果纳入地区和部门工作目标考核范畴，作为评价地区和部门工作的重要依据，作为领导班子和领导干部综合考评的重要内容。

各部门应建立绩效评价约束机制，建立绩效问责制度，把部门单位财政资金使用绩效纳入机关建设和效能建设的考核范围，进一步落实责任，提高部门对预算资金使用绩效的重视和开展绩效管理工作的自觉性。

对于绩效评价发现问题、达不到绩效目标或评价结果较差的，一是要建立并完善约谈机制，就必要问题约谈相关部门的负责人，明确提出整改要求，并将约谈情况进行通报；二是对于不落实整改意见或整改不到位的，根据情况调整项目或相应调减项目预算，直至取消该项财政支出；三是将评价或考核结果纳入部门工作目标考核范畴，必要时可以考虑作为"一票否决"的因素之一；四是要建立绩效问责机制，对部门在预算资金的申请、监管、使用过程中，由工作失职等主观原因造成的资金无效或低效等情况，相应追究部门绩效责任，逐步建立"花钱必问效、无效必问责""谁干事谁花钱、谁花钱谁担责"的绩效问责机制，在绩效评价工作中发现的财政违法行为，依照《财政违法行为处罚处分条例》等有关规定追究责任。

各部门应坚持目标和结果导向，将绩效评价结果、审计发现问题与预算安排、政策调整和改进管理挂钩，完善能增能减、有保有压的分配机制，优化财政支出结构，打破支出固化僵化格局。削减低效无效和长期沉淀资金，政策到期项目原则上不再延续。

（四）强化部门预算监督——实现财政支出结构优化的保证

1. 强化预算绩效法治。目前，除了《预算法》及其实施条例对预算绩效做出原则性规定外，我国对预算绩效管理没有出台单独的法律法规，影响到全面实施预算绩效管理和财政支出结构优化工作的开展，因此，应尽早出台相关预算绩效管理法律法规，加强预算绩效管理法治建设，同时，树立预算绩效法治意识，强化绩效观念，硬化预算执行约束。

2. 强化预算绩效公开制度。党的十九大提出"建立全面规范透明、标准科学、约束有力的预算制度"，将规范透明作为预算制度的基本要求。新修订的《预算法》及其实施条例和新修订施行的政府信息公开条例都对财政预算、决算信息公开等做出明确规定。

预算公开是预算管理制度改革的核心要求，也是政府部门信息公开的重要内容，对实现国家治理体系和治理能力现代化具有重要推动作用。

强化预算绩效公开制度必须建立健全预算绩效管理及评价结果反馈整改机制、信息公开机制、预算挂钩机制和绩效问责机制等，将绩效目标设定、跟踪、评价、结果、整改等情况向社会公开，自觉接受公众和各方监督，加大预算绩效信息公开力度，确保部门预算资金安全、高效、规范、精准发挥积极效用。

（1）强化评价结果公开机制。这是指将部门预算绩效评价结果通过部门网站、张贴公告等形式予以公示，对社会关注度高、影响力大的民生项目和重点项目支出绩效情况，依法向社会公开，接受社会监督。

（2）强化重点项目绩效目标公开。这是指扩大重点项目绩效目标公开范围，不仅可以增强资金使用单位的绩效意识，也提升了部门预算透明度和政府部门的公信力；同时，绩效目标质量逐步提高，财政部门结合预算评审和审计问题整改，加大绩效目标审核力度；部门应积极组织第三方机构或有关专家开展绩效目标会审，提高绩效目标的科学性、合理性。

通过公开重点项目绩效目标，进一步敞开社会各界了解政府履职的"窗口"，这有利于督促部门提高财政支出绩效责任和效率意识，以及完善政策、改进管理、优化预算安排，有利于促进资金使用单位加强管理、提升财政资金使用效益。

（3）强化预算绩效管理过程公开。这是指对部门预算资金的不同阶段、关键节点与支出绩效等，都要分门别类、及时准确地向社会公开，既是对社会公众的负责，又是充分调动公众参与确保优化财政支出结构，提高财政资金绩效目标的落实。

3. 强化绩效评价结果的报告。全面实施预算绩效管理是推进国家治理体系和治理能力现代化的内在要求。《中华人民共和国预算法实施条例》规定预算执行中各部门、各单位实施绩效监控，定期向本级政府财政部门报送预算执行情况报告和绩效评价报告。

部门应根据预算法及其实施条例规定，建立绩效评价结果报告机制。财政部门对每年的绩效评价结果应及时进行汇总、总结，将绩效评价结果的总体情况向同级人民政府报告；同时，对党委和政府关心、社会公众关注以及对经济社会发展有重要影响的重大项目的绩效评价结果，财政部门或预算部门应向同级政府进行专题报告，为政府决策提供参考，根据实际需要将相关绩效评价结果呈报同级人大或人大常委会，报送上级主管部门，抄送审计、监察等有关部门。

4. 实施绩效全过程动态预算监督。落实部门预算绩效管理主体责任，应对预算编制、执行、决算和绩效实施全过程动态监督，切实做到"花钱必问效、无效必问责"。

部门要对整体支出、重大政策和项目开展事前、事中和事后绩效监控，支出进度未达到序时的要提交整体支出绩效监控报告，分项目分析原因，要根据监控结果，对确实无法支出的，按程序调剂资金。

强化预算安排同执行、评审、审计、绩效的挂钩机制，应对执行进度较慢、评审审减率较高、存在屡查屡犯审计问题的部门，按一定比例压减其项目支出预算，对绩效评价结果较差的项目，适当调减或不再安排预算。

5. 构建立体式绩效监督。这是指应强化财政、审计和监察等部门的合作，加强审计监督与绩效管理的工作统筹和信息互通，利用审计督促绩效管理工作、调查摸底情况、收集相关绩效信息。

财政部门应结合审计监督、财务检查等活动，对全面实施预算绩效管理，优化财政支出结构的情况加强监督管理，加强审计查出突出问题和绩效评价发现问题的整改，确保财政支出不变形、不走样，构建政府智库、专家学者和社会公众参与绩效管理的途径及平台，接受社会各界监督。

我们应确保部门将全部资金、整个预算管理过程纳入预算绩效管理，逐步构建全方位、全过程、全覆盖的预算绩效管理体系，实现预算和绩效管理一体化，改变预算资金分配的固化格局，优化财政支出结构，提高部门财政资源配置效率和资金使用效益，提高部门预算绩效管理水平，达成绩效目标。

第九章 预算绩效指标体系构建的标准及其应用[*]

一、研究预算绩效指标体系的意义

2018 年中共中央、国务院印发并实施的《关于全面实施预算绩效管理的意见》提出，"建立全面规范透明、标准科学、约束有力的预算制度，以全面实施预算绩效管理为关键点和突破口"。预算绩效管理是全过程、全方位、全覆盖闭环的管理系统，而预算绩效指标体系是整个闭环系统的核心部分，是解决财政部门与其他公共部门信息不对称的关键因素，是提高财政资金有效分配与使用的重要管理工具。

目前，国内对预算绩效指标体系进行系统、理论性探讨的文献较少，对预算绩效指标体系构建的理论研究也是难得一见。笔者在中国知网输入篇名为"预算绩效指标体系"进行搜索，得到 80 条结果[①]（包括期刊、报纸、硕士论文和博士论文），其中 2013 ～ 2020 年分别是 8、4、6、4、6、12、8、5 条。80 条的结果主要是以行业预算绩效指标和地方工作经验研究为主，其中以高校绩效指标体系为题的有 23 条，占总数的 28.75%。张帅帅（2019）提出，高校预算管理绩效评价指标体系要遵循"战略性、系统性、可操作性、可比性"原则，指标体系根据战略目标和年度任务设计关键绩效指标；山东省财政厅预算绩效管理处（2018）指出，指标构建的依据是部门职能、部门五年规划、中长期事业发展规划、专项工作规划、年度工作计划、专项资金管理文件等；马蔡琛、陈蕾宇（2019）指出，我国预算绩效指标体系建设存

---

* 胡志勇，王泽彩. 论预算绩效指标体系构建的标准及其应用 [J]. 经济纵横，2020（12）.
① 搜索时间以 2020 年 7 月 13 日为准。

在"绩效指标体系内容有待规范和统一""预算绩效指标标准的设定有待细化和完善""绩效指标体系的侧重有待明晰与简化"等问题。现有文献大都基于预算绩效实践，探讨指标设计的技术性问题，研究结果对指标体系的构建有一定实际指导意义。但囿于理论的缺乏和实施环境的现状，目前实践工作更多的是从技术角度关注指标体系的构建，指标体系在反映预算支出的"4E"——经济性、效率性、效果性和公平性上差强人意。

预算绩效指标体系的构建不仅仅是技术性的问题，还关涉公共财政、公共管理价值目标的问题。预算绩效指标体系的有效构建不仅要有工具标准，还要有价值标准。① 目前价值和工具标准的探讨主要是在政府绩效而非预算绩效领域。罗红霞（2014）指出，我国政府绩效管理的研究最初对"3E"——经济性、效率性和有效性的工具理性标准感兴趣，之后对"参与性、回应性、透明性和科学性"的价值理性标准逐渐重视。在价值标准认知上，国内学者存在分歧，各种观点如：（1）效能、民主、服务、公平；（2）增长、公平、民主、秩序；（3）经济发展绩效与公众生活质量提高、生态环境保护与改善、行政管理绩效与社会稳定、文化繁荣等；（4）公平、可持续发展、以人为本、公共利益、正义等。② 引入价值和工具标准后，预算绩效指标体系的构建将接受公共财政和公共管理理论的指导。而体现价值标准的指标体系实施也将有助于公共财政和公共管理价值目标的实现，体现工具标准的指标体系将更有助于科学、合理地反映预算支出的"4E"。因此，探究预算绩效指标体系构建的价值和工具标准对全面实施预算绩效管理有着积极的理论和实践意义。

二、预算绩效指标体系构建的价值标准

政府绩效指标体系的价值标准主要是公共管理的价值目标，不能直接为预算绩效管理所采用。预算绩效指标体系构建的价值标准不仅要包括公共财

---

① 工具和价值的二分法来自政府绩效领域，由韦伯、威尔逊等人提出。参见罗红霞的《政府绩效管理的价值追求如何实现——以美国纽约市为例》。

② 杨莉. 政府绩效评价指标体系研究综述［J］. 佳木斯职业学院学报，2016（2）：162－165.

政的价值目标，还要包括公共管理的价值目标，具体如"效率""公平""质量""法治""民主""廉洁高效""公开透明"等。

1. 公共财政的价值目标。

（1）"效率"。公共财政理论主张市场配置资源为主，强调资源配置效率，政府行为是弥补市场失败。因此，预算绩效指标体系体现"效率"价值目标：一是指标体系中立项的可行性、充分性和合法性；二是指标体系中的效益指标。预算绩效管理的事前评估环节应做好预算支出的合法性、合理性、经济效益和社会效益的分析，并在预算绩效评价中给予相应的评价，比如预算支出合法性的事前评估要根据各种政府法律、规章制度判断其是否合法，例如是否违反《政府投资条例》。而财政资金的经济效益和社会效益要根据资金的具体使用去向和经济理论来判断是否存在。在评价实务中，项目（或政策）和部门单位预算支出经济效益和社会效益的量化存在在技术困难，因此，应根据预算绩效管理的事前评估情况和事后评价结果先判断是否存在经济效益和社会效益，再给予等级评分，比如不好、好、较好、很好或者不明显、明显、非常明显等。而一些独立的项目和政策可以测量经济效益的，则采用量化指标考核。

（2）"公平"。公共财政理论强调财政资金分配要实现"公平"目标。"公平"包括"起点公平""机会公平""结果公平""绝对公平"等，比如，九年义务教育要讲求"起点公平"，但因经济发展水平和财力差异，各地的九年义务教育实际水平存在差异，现实是九年义务教育无法做到"起点公平"。指标体系可设置"生均教育支出"指标和"地区生均教育支出"标准，对九年义务教育的"起点公平"进行考核。再比如，社会保障支出很多情况下是讲求"绝对公平"，即按人头标准支出，指标体系可设置"支出覆盖率"指标，考察按人头支出的社会保障基金是否实现100%"覆盖率"等。

2. 公共管理的价值目标。政府治理现代化要求公共服务要有"质量""法治""民主""廉洁高效""公开透明"等价值取向，预算绩效指标体系对此要有体现。

（1）"质量"。在一些公共产品领域，"质量"是可以被准确考量的，比如，空气、水、土污染的治理效果可以通过科学、量化的指标来衡量，教育质量可以通过学生升学率、重点中学录取率、各种竞赛获奖情况以及社会反馈等指标来衡量，治安质量可以用犯罪率来衡量，等等。但也有很多"公共产品"难以直接设置量化指标进行考核，比如行政服务中心各窗口的服务、城市精神文明建设、文化体育设施建设等。在此情况下，演化经济学的"满意性"原则优于古典经济学的"最优原则"，预算绩效指标可设置"服务对象满意度"来体现"质量"的价值目标。"服务对象满意度"的评分可通过全样本或大样本的调查获得，也可以通过其他指标间接反映，如投诉率、投诉处理的速度与满意度等。

（2）"法治"。"法治"是实现其他价值目标的基础保障条件。预算绩效指标体系应对"法治"建设进行考核。"法治"包括法律、法规和规章制度建设的完善性和执法状况两个方面。依此，"法治"指标下可再设"法制建设"和"执法状况"两个指标。"法制建设"指标考量政府、部门和单位财务制度、内部控制、成本控制制度、人员考核管理制度、项目管理制度以及预算绩效管理制度等建设情况。"执法状况"指标是考量政府、部门和单位是否依法依规行为。

（3）"民主"。预算绩效指标体系主要是在预算绩效管理的事前评估环节实现"民主"价值目标，具体是通过事先对项目、政策、部门和政府预算的广泛征求意见、充分论证、民主协商等获得较为一致的意见。因此，指标体系主要在支出论证的"充分性"或"合理性"指标加以体现。指标评价标准可设为"是否符合广大民众的利益""是否经过广泛地征求意见""是否经过听证会"等，如果"是"，则为满分，否则为零分或酌情扣分。

（4）"廉洁高效"。"廉洁"价值目标可设置当期是否存在腐败案件作为指标评价标准。预算绩效管理可否因存在腐败而采用"一票否决"的方式？答案是否定的。腐败直接反映出的问题是公共管理"法治"水平不足，腐败可能反映项目、部门和政府的预算制定及执行存在的问题，但出现腐败案件不能直接依此判断出预算是否必要、规模是否合理、支出是否有效。因此，在出现腐败案件情况下，预算绩效评价有必要对"决策"环节进行再评估，对反映"法治"价值目标的指标——法制建设和执法情况进行审慎评价。"高效"区别于"效率"价值目标，是指政府人、财、物的使用效率。预算绩效指标体系主要在产出指标方面体现"高效"价值目标，比如设置教学设备利用率、会议场地的使用率、监控设备的月正常运行时数等。

（5）"公开透明"。公开透明原则被广泛应用于公共财政和公共管理领域，是公共财政和政府治理现代化的重要特征，也是促进财政资金使用效益提高的重要手段。预算绩效指标体系可在过程指标中设置"信息公开"指标加以考核。"信息公开"指标可再按各种信息设置明细指标。指标标准可按"未公开""公开但不完整""公开且较完整""完整公开"等不同级次进行计分。

此外，预算绩效指标体系的价值标准还应符合其他价值目标，比如经济可持续发展、防范公共风险、共同富裕、满足人民日益增长增长的美好生活需要等。虽然预算绩效指标体系的价值标准很多，然而项目、政策、部门单位和政府各类指标体系的价值标准应根据具体情况确定，而非都同时满足。

三、预算绩效指标体系构建的工具标准

预算绩效指标体系的构建还要符合工具标准。工具标准是指标体系的构建在"4E"理念指导下要科学、合理、简便、高效。科学与合理标准要求指标体系要符合公共财政和公共管理的特性和现实，简便标准要求指标体系的"执行成本"不能过高，高效标准要求指标体系的实施要有助于公共财政和公共管理价值目标的实现。

1. 符合公共财政的特性和现实。公共产品的"非排他性"和"非竞争性"特征导致市场无法有效地生产与提供公共产品，政府介入就是弥补这一缺陷。然而，公共产品社会成本和社会效益的测算存在现实技术困难。因此，指标体系无法采用"成本—效益"思路进行设计。退而求其次的办法是可采用"投入—效益"法思路。但即使采用"投入—效益"思路，指标体系的构建还是差强人意。原因是如下。

（1）"投入"包括直接投入和间接投入、本部门投入和外部门投入、政府投入和非政府投入、本期投入和其他期投入等。不论是政府、部门单位还是项目和政策绩效评价，要清晰核算出相应合理的"投入"并不是件容易的事。退一步说，即使核算"投入"不存在技术困难，但预算绩效管理本身可能存在"执行成本"过大的问题而导致现实的不可行。（2）"效益"包括直接效益和间接效益、有形效益和无形效益、货币计量效益和非货币计量效益、

近期效益和远期效益、经济效益和社会效益等。这些效益在进行指标量化时普遍存在技术难度。

从可行性角度看，"支出—产出"的设计思路应是预算绩效指标体系构建最现实的选择。从绩效管理角度看，"支出"仅仅是投入一部分而非成本，且"产出"仅是中间成果不是最终效益。为此，笔者主张不同层次的预算绩效管理的指标体系应进行差异化构建，项目绩效指标体系可采用"支出—产出"为主的设计思路，辅助于经济成本与经济效益、社会效益等指标考量。部门单位和政府预算绩效指标按支出—效益的设计思路。按此思路，"支出规模"的合理性评价是需要进一步要解决的问题。笔者以为，"支出规模"的合理性应在考虑当地的经济和财力水平、经济成本、经济效益、社会效益、政府与部门规划与计划等各方面因素后进行评价。诚然，在一些特殊环境下，指标体系可采用"投入—效益"甚至"成本—效益"设计思路，比如自来水公司、城市公交、供电局等。

2. 符合公共管理的特性与现实。公共管理存在"条块"管理、目标多元化、科层制、项目与公共产品不一致等特点，预算绩效指标体系的构建要充分考虑这些特点。

（1）"条"和"块"管理下指标体系设计各有侧重。在"条"管理下，部门执行上级主管部门的政策或指令而产生的项目支出，其指标体系存在纵向的高度相似性，且指标标准大都是上级主管部门定好的。因此，这类项目或政策实施过程的合规性是预算绩效管理重点。笔者认为，"实施过程的合规性"要被设成重要指标，并赋予相应评价权重，具体还可设置"信息透明度""手续完整性""支出标准合规性"等明细指标。在"块"管理下的部门，其项目和政策具有较强的地方和部门自主性，指标体系构建要符合地方和部门发展规划、年度计划和部门职能，要能满足全过程绩效管理的需要。

（2）"目标多元化"下"4E"原则要灵活应用。公共管理要实现包括经济、政治、社会、文化、教育、体育方面的目标，这些目标有的侧重效益，有的侧重公平，有的还要讲求质量。指标体系构建要根据项目、政策和部门的具体情况灵活地采用经济性、效率性、效果性和公平性原则，例如，生态环保支出绩效指标体系构建要重点考虑效果性（社会效益和生态效益），基础教育支出绩效指标体系构建要重点考虑效果（社会效益）性和公平性，公共部门人员和办公经费绩效指标体系构建要重点考虑效率性等。

（3）"科层制"下个性指标是项目预算绩效管理的关键。在"科层制"下，公共管理重视层级管理，依制度、文件、上级指令行事，各个科室的自主管理权力很有限，各个科室的管理文化基本雷同。因此，同一部门下各类项目和政策的共性指标设计差异性不大，其评价结果也大体一致。换言之，部门单位的某一项目共性指标的评价结果基本可以反映本单位项目的共性情况。因此，个性指标的建设显得很重要。个性指标是解决财政部门和部门单位之间"信息不对称"问题的关键，也是实现项目预算资金有效使用的关键。

（4）"项目与公共产品不一致"下效果指标量化考核要注重科学性。公共部门安排的项目支出与公共产品往往不一致，比如，对于河流的水污染治理，某县财政部门组织对环保部门安排的专项支出进行绩效评价，对社会效益和生态效益指标显然很难进行科学的量化考核，这是因为河流水质的提高跟上游市、县河流治理的财政投入有关，本县环保专项支出对"水质提高"的贡献度无法科学测量。再比如，对于公安部门装备支出的绩效评价，装备支出对"犯罪率"下降的贡献率是无法准确测量的。

此外，公共部门管理还有很多特点，限于篇幅不再赘述，预算绩效指标体系的建设如果不考虑它们，那么指标体系将脱离实际，预算绩效管理也将流于形式。

3. 简便和高效。"简便"标准主要有两方面的意义：一是减少执行成本，利于执行；二是避免"细而全"导致管理重点不突出。预算绩效指标体系要考虑执行成本与效益，尽量简便易行，要能解决财政部门与公共部门之间"信息不对称"问题，服务于预算绩效管理。因此，指标体系应侧重于政府"财"的使用效益，而"人"与"物"使用效益可作为辅助指标，我们应避免将指标体系设计得过于细琐。指标体系"高效"，一是要有助于公共财政和公共部门管理价值目标的实现，二是要有保障指标体系有效执行的制度环境。

四、目前我国预算绩效指标体系构建存在的问题

2018 年以来我国预算绩效管理取得较大进步，指标体系建设也取得一些

成绩。目前，财政部已经制定并实施《项目支出绩效评价管理办法》《政府和社会资本合作（PPP）项目绩效管理操作指引》，两者附有共性指标框架。此外，财政部预算司编制《分行业分领域绩效指标和标准体系（2019年版)》，该指标体系涉及16个行业领域、73个行业类别、360个资金用途、3 000余条指标。地方财政部门也积极地推进分行业、分领域绩效指标建设，比如北京市、上海市、广东省、浙江省、福建省等。然而，考虑到纷繁复杂的公共项目和政策、众多的公共部门以及层级和地域不同的政府，目前的预算绩效指标体系建设还只是开始。结合实践与比照"价值"和"工具"理性标准，笔者发现预算绩效指标体系构建存在以下几个问题。

1. "效率"和"公平"的反映不够清晰、合理。在《项目支出绩效评价管理办法》之前，预算绩效指标体系的建设处于各地探索和积累时期，主要根据法律法规、五年规划、产业发展规划和政策、部门单位职责、工作计划等加以制定。对公共财政的"效率"和"公平"价值目标，指标体系的反映不够清晰和明确。《项目支出绩效评价管理办法》在一级指标"决策"下"立项依据充分性"的指标说明提到"项目要属于公共财政支持范围，符合中央、地方事权支出责任划分原则"。这说明指标体系设计要符合公共财政的要求。

判断预算支出是否符合"效率"和"公平"是属于事前环节。事后评价时项目如果被发现预算支出不符合"效率"或"公平"，不符合国家法律法规、国民经济发展规划和相关政策，不符合行业发展规划和政策要求，不符合部门职责范围等各种情况，目前的评价做法是给"立项依据充分性"指标打零分。但由于"立项依据充分性"指标所占权重很小，指标的重要性没有得到应有的重视。

2. 公共管理的价值目标反映不充分。实际中，公共管理的"质量""法治""廉洁高效""公开透明"等价值目标在指标体系中的反映不充分。

（1）"质量"。除了"服务对象满意度"指标外，实践中指标体系并没有把反映"质量"个性化指标作为必备指标。而且实践中"服务对象满意度"指标的测度也较为随意。

（2）"法治"。实际工作中，指标体系设置的仅是考察有关预算资金的财务和业务管理制度完善性的指标，而不是设置考察部门单位的法治性指标。

（3）"廉洁高效"。如果部门单位出现腐败问题，那么不管腐败问题是否与被评价项目有关，原则上要酌情扣分。但预算绩效评价主体可能会采用"与项目是否相关"的原则来判断扣分与否。此外，因公共部门政府会计制度的建设尚未完善，很多财务数据无法采集，指标体系对"高效"目标的反映也较弱。

（4）"公开透明"。目前预算绩效指标体系主要设置考察"政府采购信息"是否公开的指标，至于预算信息、财务信息、政策信息、管理制度等公开大都不在指标的考察范围内。

3. 工具理性标准不够清晰、明确。2018 年 9 月中共中央、国务院印发的《关于全面实施预算绩效管理的意见》提到"推动预算绩效管理标准科学"。如何做到"标准科学"？进一步解释是"实现科学合理、细化量化、可比可测、动态调整、共建共享。绩效指标和标准体系要与基本公共服务标准、部门预算项目支出标准等衔接匹配，突出结果导向，重点考核实绩"。

各地根据实践和实际需求也提出一些补充标准，例如：第一，规范、简单、易行、围绕关键要素、管理链条和重要目标；[①] 第二，规范、完整性与预算资金的匹配度；[②] 第三，将成本意识贯穿于预算管理各环节，运用成本效益分析法，对公共产品和服务实施全成本管理、科学测算、全面衡量各方投入成本、合理设置预期绩效目标和监督考核指标，在预算管理中实现成本定额标准、财政支出标准和公共服务标准相统一。[③] 尽管各地对"工具理性标准"进行细化，但这些标准还是存在不少问题，比如：第一，"简单"和"易行"标准。其本意是为了减小执行成本，但指标数量多少才算是"简单""易行"，要求指标细化程度等成了进一步要明确的问题。[④] 然而，一旦财政部门发文规定上述问题时，指标体系的构建又显得机械教条。第二，"与预算资金匹配"标准。此标准看似合理、科学，但实际上其判断标准还是相当

---

① 引自 2019 年 5 月中共福建省委、福建省人民政府印发的《关于全面实施预算绩效管理的实施意见》。

② 引自 2019 年 2 月中共山东省委、山东省人民政府印发的《关于全面推进预算绩效管理的实施意见》。

③ 引自 2019 年 7 月中共北京市委、北京市人民政府印发的《关于全面实施预算绩效管理的实施意见》。

④ 为解决这些问题，地方财政部门发通知规定指标总数不少于几个（比如 9 个）、数量指标不少于几个、至少到三级指标等。

模糊。指标设计要考虑与预算资金性质、规模、使用单位、支出项目等相匹配，但匹配的指标标准是历史标准、预算定额标准、行业标准、地区平均标准还是其他？第三，采用"成本定额"标准。公共产品的特殊性导致"成本"测量存在技术障碍，"成本定额标准"在公共管理领域的应用有很大局限性。

4. 分层次指标体系的问题。

（1）项目预算绩效指标体系的问题。经过实践摸索，我国项目预算绩效指标体系建设取得较大的成绩。2019 年财政部出台的《项目支出绩效评价管理办法》依据"4E"理念，充分吸收各地的实践经验，遵循《关于全面实施预算绩效管理的意见》的相关规定，提出一套较为完整的、有参考性的评价指标体系框架，指标体系框架有不少亮点值得一提：一是引入"产出成本"指标；二是明确提出"项目是否属于公共财政支持范围，是否符合中央、地方事权支出责任划分原则"作为"立项依据充分性"的评价要点之一；① 三是明确提出"项目预期产出效益和效果是否符合正常的业绩水平"和"是否与预算确定的项目投资额或资金量相匹配"作为"绩效目标合理性"评价要点之一；四是"资金分配合理性"指标的评价要点提到"资金分配与项目单位或地方实际是否相适应"；五是"预算编制科学性"指标评价要点提到"预算额度测算依据是否充分，是否按照标准编制"；六是"项目效益"指标下的社会效益、经济效益、生态效益、可持续影响等，可根据项目实际情况有选择地设置和细化。

然而，除了存在前述的价值和工具标准问题外，项目预算绩效指标体系的有效性还有一些问题，比如：一是实际操作中"效果指标"难以量化考量。因为项目与公共产品往往是不一致的，所以项目支出对公共产品所贡献的效益很难被准确测算出来。尽管《项目支出绩效评价管理办法》提到"可根据项目具体情况有选择地设置和细化社会效益、经济效益、生态效益、可持续影响"，效果指标设置和应用在实际工作中还是存在较大困难。二是"产出成本"的使用存在较大局限性。在公共领域"成本"是很复杂的，其测算很困难甚至不可能。三是"公共财政支持的范围"不能作为"立项依据

---

① 这点在 2011 年财政部印发的《财政支出绩效评价管理暂行办法》并未提及。

充分性"的理由之一。从经济理论看，市场失灵是政府介入的必要条件而非充分条件。换言之，如果项目属于公共财政支持的范围但不符合效率、公平标准，那么项目立项充分性就不足，例如在新商品住宅区新建设一所小学、超过经济与财力水平建设人民广场、按一线城市的规模和标准来建设县行政服务中心等。

（2）部门单位和政府预算绩效指标体系的建设不足。各地在部门单位预算绩效指标体系建设上有所探索和积累。总体上看，其构建也是遵循"4E"理念，依据国家法律法规、国民经济和社会发展总体规划、部门职责和中长期规划、财政管理重点目标与任务等而设计。2013 年财政部印发的《部门整体支出绩效评价共性指标体系框架》设计了投入、过程、产出和效果四个一级指标，包括绩效目标设定、预算配置、预算执行、预算管理、资产管理、职责履行和履职效益七个二级指标。"预算配置"指标下设"在职人员控制率""三公经费变动率""重点支出安排率"，"预算执行"指标下设"预算完成率""预算调整率""支付进度率""结转结余率"等，这些指标反映出"控制型绩效预算"而非"结果导向型绩效预算"的特点。由于缺乏理论指导，部门单位支出绩效共性指标未能充分体现公共财政和公共管理的价值目标。而部门单位绩效个性指标的建设也亟须进一步完善，有的将科室主要职能设置为指标而后汇总，有的将主要项目支出指标加总，有的采用代表性指标，但个性指标不能很好地反映部门绩效的总体情况。政府预算绩效管理属于"全方位"预算绩效管理的最高阶，其指标体系的建设目前还属于前沿领域，相关理论探讨的文献极为稀缺。

五、有效构建预算绩效指标体系的建议

预算绩效指标体系的构建不能仅仅反映财政支出的"4E"，还要充分体现价值和工具标准。价值标准是指标体系要体现"效率""公平""质量""法治""民主""廉洁高效""公开透明"、经济可持续发展、防范公共风险、共同富裕、满足人民日益增长的美好生活需要等价值目标。工具标准是指标体系要科学、合理、简便、高效。鉴于我国预算绩效指标体系构建的问题，笔者提出的建议如下。

1. 引入价值和工具标准。我国预算绩效指标体系的构建主要依据"4E"理念，即通过指标设置来反映预算支出的经济性、效率性、效果性和公平性。然而，在"信息不对称"环境下，财政部门主导的预算绩效指标体系建设无法充分反映预算支出的经济性、效率性、效果性和公平性。目前，部门和单位尚处于"被动绩效"状态，个性化指标的建设更是无法充分体现"4E"标准。在引入价值和工具标准后，指标体系的建设目标不再仅仅是设置直接反映预算支出"4E"的指标，而是注重通过预算绩效指标管理促进公共财政和公共部门管理价值目标的实现，继而推进国家治理体系和治理能力现代化以及现代财政制度的建设，从而自主实现预算支出的"提质增效"。

2. 重视决策（或投入）和过程指标建设。重视决策（或投入）和过程指标建设的理由如下。

（1）"全过程"预算绩效管理的需要。我国预算绩效管理始于预算绩效评价，实践中产出和效果指标的建设更受重视，甚至一些地方在实践中曾经出现过不要求对决策（或投入）和过程环节进行评价。随着我国"全过程"预算绩效管理的开展，决策（或投入）和过程指标关系到预算绩效管理的质量，重视二者指标建设就是把预算绩效工作从源头到终点进行闭环管理。

（2）指标体系价值标准实现的需要。指标体系的价值标准更多是通过决策（或投入）和过程指标来实现，比如，"效率"和"公平"标准在"立项充分性指标"中体现，"法治""透明公开"标准在过程的相应指标中体现。因此，重视决策（或投入）和过程指标建设有助于体现指标体系的价值标准。

（3）"控制型绩效预算"的需要。目前，我国绩效预算还是属于"控制型"而非"结果导向型"。预算资金使用的合法、规范和安全是预算绩效管理的主要内容，因此，决策（或投入）和过程指标建设需要加强。决策（或投入）和过程指标不仅要有助于公共财政"效率"和"公平"价值目标的实现，还要推动公共财政政府治理现代化的实现。为此，笔者认为，除了已有的共性指标，一些体现公共财政和公共管理价值目标的指标需要被添置，比如过程指标下可设置"法治"和"透明公开"二级指标。"法治"指标下设"制度建设"和"执法情况"，"透明公开"指标下设"政策公开""制度公开""财务信息公开"等明细指标。

3. 完善产出和效果指标的设计。"产出"和"成本"是财政部门和其他公共部门信息最为不对称的领域。产出指标大多是个性指标，目前财政部和地方财政部门在个性指标建设上积累了一定经验，分别制定了分行业分领域的指标体系。但这些分行业、分领域的个性指标尚不能完整和准确地反映出预算支出的产出，仅能起到参考作用。随着政府会计制度逐步完善和人工智能技术出现，部门单位、项目的"产出和成本"信息将更加完整和翔实，产出信息也将更加对称，产出指标具备进一步完善的条件。诚然，产出指标的设计要符合工具标准——科学、合理、简便、高效，要符合公共财政和公共管理特点与现实，不能过于烦琐而徒增成本。比如，成本和效益可核算、测量的项目才采用成本—效益分析方法，否则采用支出（或投入）—产出分析法；产出指标主要在于较为完整地反映预算支出的成果，而不是指标数量越多越好；产出指标要有助于价值标准的实现，否则产出多也未必有效。效果指标要进一步完善经济效益与社会效益的明细指标和测量、计量方法，要重视服务对象满意度指标的评价。

4. 不同层次指标体系的设计要有差异化。目前，我国项目和部门单位预算绩效管理都按投入（决策）、过程、产出和效益四部分指标进行细化设置。笔者以为，不同层次预算绩效管理的关注重点不一样，不同层次指标体系要进行差异化设计。

（1）项目预算绩效指标体系。相较于部门单位，项目属于"局部"，考虑到局部效果不明显以及测量技术难度，其预算绩效管理以"决策、过程和产出"指标为主，效益指标重点关注"可持续性影响"和"服务对象满意度"指标。效益指标中的经济效益、社会效益和生态效益可采用定性分析。在现有政府会计技术下，项目预算绩效管理应慎重地选择"投入—产出""成本—产出""成本—效益"法进行分析。

（2）部门单位预算绩效指标体系。相较于政府，部门单位属于"局部"。部门单位预算支出的产出多，且经济效益、社会效益和生态效益较为明显，但测量难的问题依然存在，其预算绩效管理指标体系包括投入、过程、产出和效益四部分。其中，产出采用关键指标法，即设置主要产出指标，而不是罗列所有产出。主要产出指标是指能反映部门单位主要职能作用的实施结果、具有典型代表意义的指标。在实际工作中，主要指标可以根据部门单位五年规划目标的年度计划目标来设置。效益指标中的经济效益、社会效应和生态效益能测量的就进行量化反映，否则做定性分析。"服务对象满意度"可按各项职能、科室或者整个部门单位来设置明细指标。

（3）政府预算绩效指标体系。政府预算涉及公共领域广、资金规模大、产出多、效益明显等特点，其投入和过程指标重在体现公共财政和公共管理的价值目标，同时考量政府预算支出是否保障国家和地方工作重点和主要任务的实现，比如，2020年政府预算安排是否压缩一般性支出、严格控制新增项目支出，是否巩固和拓展减税降费成效，是否起到补短板和民生兜底作用，是否加强对困难地区财政的保障力度，是否围绕"着力支持打赢三大攻坚战，推动如期全面建成小康社会""着力推进创新发展和产业升级，大力促进实体经济健康发展""着力贯彻实施乡村振兴战略，加快推进农业农村现代化""着力提升地区间财力均等化水平，促进形成区域协调发展新格局"等任务的开展。政府预算绩效管理指标体系的设计应着重关注产出和效益指标。其中，产出指标应采用关键指标法（KPI），以政府产业政策、五年规划目标、年度工作重点等为依据来设计关键产出指标。政府效益指标的经济效益、社会效益和生态效益属于"整体"效益，比较容易进行量化反映。而"服务对象满意度"指标可通过大样本随机调查获得评价结果。

第十章　部门预算绩效评价

一、部门预算绩效评价方法

本书通过梳理相关规范和政策文件以及研读国内外各种相关文献，可以看出部门预算绩效评价方法有很多，主要有比较分析法、成本—效益分析法、最小成本法、因素分析法、公众评判法、层次分析法、模糊评价法、综合分值法。

1. 比较分析法。比较分析法是部门预算绩效评价中使用最广泛的一种分析方法，是指通过实际支出、实施效果等与绩效目标、历史情况、不同地区同类支出等的比较，综合分析绩效目标实现程度。比较分析法包括横向比较分析法和纵向比较分析法。横向比较分析法，是指对不同评价对象进行横向比较，例如，将福建省同类型部门预算财政支出与广东省同类型部门预算财政支出进行比较，或者对福建省内各地如福州、厦门、泉州的同类型部门预算财政支出进行比较分析，从而了解该区域该类型部门预算财政支出状况与支出水平；纵向比较分析法主要是对同一评价对象不同时期的历史数据进行对比分析，了解增长变化及效益波动情况，既可以看出其发展趋势，也可以了解各种因素在不同时期的影响及作用机理，进而分析其效益差异的成因。比较分析法可广泛用于定基分析、环比分析和趋势分析。

2. 成本—效益分析法。成本—效益分析法是指将部门一定时期内的投入或支出与产出、效益进行对比分析，以评价部门绩效目标的实现程度。该方法适用于投入成本或支出以及收益都能准确计量的部门预算支出绩效评价，但对某些业绩难以量化的部门绩效评价或者成本和收益都无法用货币计量的部门负责的项目则无能为力，一般情况下，以社会效益为主的部门（单位）

预算支出不宜采用此方法进行绩效评价。

3. 最低成本法。最低成本法也称为最小成本法或最小费用法，是指在绩效目标确定的前提下，按选定的贴现率计算部门各项目预算支出不同方案的成本现值，以最小者为优的项目评估方法。它适用于不能用数量来衡量其收益的项目，如教育、卫生、社会保障等基本公共部门的公共福利事业项目及国防工程项目等。该方法只计算项目的有形成本，在效益既定的条件下分析其成本费用的高低，以成本最小为原则来确定最终的支出项目。

4. 因素分析法。因素分析法是指通过综合分析影响部门预算绩效目标实现、实施效果的因素与其内外部影响的关系，从而评价各因素对绩效目标影响方向和影响程度的一种方法。我们通过因素分析法可以找出最能影响绩效目标的因素，从而分析、判断部门实际绩效变动的原因。因素分析法在绩效评价中的应用主要有两个方面：一是通过对影响绩效目标的因素进行分析，确定绩效目标的偏差受各因素变化的影响程度，此为通常说的因素分析；二是计算影响绩效目标因素的变化会对目标分别产生多大的影响，这通常就是所称的敏感性检验。在实际应用中，因素分析法可以通过连环替代或差额分析的方式进行。

5. 标杆管理法。标杆管理法是指以国内外同行业中较高的绩效水平为标杆进行评判的方法，于 1979 年由美国施乐公司首创，西方管理学界将其与企业再造、战略联盟一起并称为 20 世纪 90 年代三大管理方法。标杆管理法在部门预算绩效评价中的运用是体现了新公共管理理论在政府和公共部门预算绩效管理中的运用，也体现了现代管理中追求效益与竞争优势的本质特性。

6. 公众评判法。公众评价法是通过对专家或公众意见进行调查来间接推断公共关系活动效果的一种方法。公众评价法广泛运用于财政支出（包括部门预算和项目支出）绩效评价中，通过专家评估、公众问卷及抽样调查等对财政支出效果进行评判。评价绩效目标实现程度，也可以通过财政支出服务（受益）对象代表座谈会、深度访问等形式来确认财政支出的效果。公众评价法是一种非常重要的财政支出绩效评价方法，要取得好的效果，需要有足够大的而且非常有代表性的样本量，一般耗费较大或耗时较多。在对部门服务对象注意度进行调查时，我们应广泛使用公众评价法。

7. 层次分析法。层次分析法（the analytic hierarchy process，AHP），由美

国运筹学家托马斯·塞蒂（T. L. Saaty）在 20 世纪 70 年代中期正式提出。它是一种定性和定量相结合、系统化、层次化的分析方法，特别适用于那些难以完全定量分析的问题。其基本思路是评价者通过将复杂问题分解为若干层次和若干因素，并将同一层次的各因素进行比较、判断和计算，得出不同替代方案案的重要度，从而为选择最优方案提供决策依据。层次分析法所需定量数据信息较少，能将人们的思维过程数学化、系统化，便于人们接受，其应用遍及经济计划和管理、能源政策和分配、行为科学、军事指挥、运输、农业、教育、人才、医疗和环境等各个领域。采用关键指标对部门预算绩效进行评价时，可以采用层次分析法。

8. 模糊评价法。模糊评价法是一种基于模糊数学的综合评价方法。该综合评价法根据模糊数学的隶属度理论把定性评价转化为定量评价，即用模糊数学对受到多种因素制约的事物或对象做出一个总体的评价。它具有结果清晰、系统性强的特点，能较好地解决模糊的、难以量化的问题，适合各种非确定性问题的解决。在对某些难以直接量化的财政支出绩效进行评价时，可以通过模糊数学建立模型，将模糊的、难以对比和判断的经济效益指标之间的模糊关系进行多层次综合评价计算，从而明确各部门（单位）或各项目支出综合经济效益的优劣。

9. 主成分分析法。主成分分析法也称主分量分析法，是一种简化数据集的技术，是考察多个变量间相关性的一种多元统计方法。该方法研究如何通过少数几个主成分来揭示多个变量间的内部结构，即从原始变量中导出少数几个主成分，使它们尽可能多地保留原始变量的信息，且彼此间互不相关。主成分分析法旨在利用降维的思想，减少数据集的维数，同时保持数据集对方差贡献最大的特征，通常数学上的处理就是将原来多个指标作线性组合，作为新的综合指标，这就需要通过线性变换，设法将原来众多具有一定相关性的指标，重新组合成一组新的互相关的综合指标来代替原来的指标。主成分分析作为一种基础的数学、统计分析方法，其实际应用十分广泛，如在人口统计学、数量地理学、分子动力学模拟、数学建模、数理分析等学科中均有应用，是一种常用的多变量分析方法。

10. 综合分值法。综合分值法也称为综合评分法，其基本思路是将所要评估的部门预算绩效设置分级评价指标体系，并按各指标的重要程度分别设置权重和分值，然后将各终级指标的实际值，按照标准折算成分值，再根据各种指标的重要程度设置权重，通过加权平均数，将各级指标的分值计算出来，并最终计算一级评价指标的分数。运用基于"3E"理论设计的评价指标体系对部门进行绩效评价时即可采用综合分值法进行打分及等级评定。

二、部门预算绩效评价指标设计

评价指标是部门预算绩效评价内容的具体体现，是开展部门预算绩效评价的基本前提。绩效评价指标具有强烈的行为引导功能，它明确并强化了评价对象的工作重点和努力方向。因此，评价指标体系的设计是部门预算绩效评价中至关重要的一环。

1. 设计原则。

（1）相关性原则。相关性原则是指确定的绩效评价指标应当与部门绩效目标有直接的联系，能够恰当反映目标的实现程度，而与部门绩效目标无关的指标不应列入评价体系。

（2）重要性原则。重要性原则是指应当优先使用最具评价对象代表性、最能反映评价要求的核心指标，而对于那些无足轻重、可有可无的指标应该舍弃，否则，可能造成评价体系过于庞杂，可操作性不强，且不能突出反映问题。

（3）可比性原则。可比性原则是指对同类型部门要设定共性的绩效评价指标，以便于评价结果可以相互比较；或者对同一部门进行绩效评价时所设置的指标前后期可比，从而便于进行绩效评价。

（4）明晰性原则。明晰性原则是指部门预算绩效评价指标内涵应当明确、具体、可衡量，数据及佐证资料应当可采集、可获得。

（5）系统性原则。系统性原则是指应该将部门视为一个系统，以系统整体目标的优化为准绳，协调系统中各分系统的相互关系，使系统完整、平衡。这表现在设置评价指标时，应当将定量指标与定性指标相结合，共性指标与个性指标应统筹兼顾。

（6）经济性原则。经济性原则是指部门预算绩效评价指标不是设计得越复杂越好，应当通俗易懂、简便易行，数据的获得应当考虑现实条件和可操作性，符合成本效益原则。

2. 指标体系设计思路。

（1）指标体系设计的总体思路。部门预算绩效评价应根据绩效评价的基本原理、原则和部门职能及其特点，综合考虑部门年度任务、绩效目标、预算资金的投入与使用情况等内容，按照逻辑分析法，从科学性、客观性与可操作性维度出发，设计部门预算的绩效评价指标体系。部门预算绩效评价指标体系设计的总体思路取决于绩效评价的基本理论，如"3E"理论、平衡计分卡、关键绩效指标等；在具体针对某个部门设计预算绩效评价指标体系时，应依据部门性质、部门特点及部门职能，注意共性指标与个性指标相结合、定性指标与定量指标相结合、正相关指标与负相关指标相结合。

（2）基于"3E"理论的指标体系设计。"3E"理论是关于投入（成本）、产出、效率和效益的理论，"3E"是指经济性（economy）、效率性（efficiency）和效益性（effectiveness）。其中，经济性是指以最小投入取得一定量的产出，简单地说就是支出或成本是否节约；效率性是指投入和产出的关系，包括是否以最小的投入取得一定的产出或者以一定的投入取得最大的产出，简单地说就是支出或成本是否讲究效率，而这主要取决于过程的管理；效益性是指多大程度上达到政策目标、部门目标和其他预期结果，简单地说就是是否达到目标，具体可以涉及社会效益、经济效益、环境效益、可持续效益等。基于"3E"理论的部门预算绩效评价的逻辑结构模型如图 10-1 所示。因此，基于"3E"理论的部门预算绩效评价可以从投入、过程、产出和效益三个方面设置指标体系。

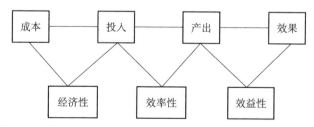

图 10-1 基于"3E"理论的部门预算绩效评价的逻辑结构模型

首先，关于投入指标的设计。部门预算绩效评价的投入指标主要应强调目标合理性和指标的明确性以及预算配置的科学性、合理性，其中，预算配置主要是人员预算配置及经费预算配置，为突出重点，可以用在编人员控制率、"三公经费"变动率、重点支出安排率三个明细指标分别进行衡量。

其次，关于过程指标的设计。部门预算执行过程的绩效评价主要应检视预算执行情况与管理情况以及执行过程中相关资产管理情况如何，故而可以设置预算执行、预算管理与资产管理三个二级指标来对部门预算执行过程进行绩效评价。其中，部门预算执行主要通过设置预算完成、预算调整、预算执行、结转结余、公用经费控制和政府采购执行情况等相关指标来考核部门在预算执行方面的绩效；部门预算管理绩效主要通过管理制度健全性、预算信息的公开性及基础信息的完善性等指标进行衡量和评价；部门资产管理绩效主要通过管理制度健全性、资产管理安全性、固定资产利用率等指标进行衡量和评价。

最后，关于产出与效益指标的设计。产出与效益指标为个性指标，设计该类个性指标应遵循的主要思路是：从部门职能出发，对其部门履职活动进行分类，结合部门及其下级单位的项目清单对其履职活动下的项目进行分类，依据项目分类及特点设计项目产出指标，依据部门职能设计效益指标。部门产出绩效可以以部门履职的完成进度、完成质量以及部门所负责项目的产出数量和产出质量为衡量标准；部门效益则可以从经济效益、社会效益、生态效益、可持续效益及服务对象满意度等维度进行评价。

综上所述，结合财政部发布的《预算绩效评价共性指标体系框架》，参考财政部发布的《项目支出绩效评价管理办法》，可设计基于"3E"理论的部门预算绩效评价共性指标体系。基于"3E"理论的部门预算绩效评价共性指标体系框架见表10-1。

表10-1　　基于"3E"理论的部门预算绩效评价共性指标体系框架

一级指标	二级指标	三级指标	指标解释
投入（15%）	目标设定	绩效目标合理性	部门（单位）所设立的整体绩效目标依据是否充分，是否符合客观实际，用以反映和考核部门（单位）整体绩效目标与部门履职、年度工作任务的相符性情况
		绩效指标明确性	部门（单位）依据整体绩效目标所设定的绩效指标是否清晰、细化、可衡量，用以反映和考核部门（单位）整体绩效目标的明细化情况

一级指标	二级指标	三级指标	指标解释
投入 （15%）	预算配置	在编人员控制率	在编人员控制率 =（年末在编人员数/机构编制部门核定的人员编制数）×100% 在编人员数：部门（单位）实际在编人数，以财政部确定的部门决算编制口径为准； 编制数：机构编制部门核定批复的部门（单位）的人员编制数
		"三公经费"变动率	三公经费变动率 =［（本年度三公经费总额 - 上年度三公经费总额）/上年度三公经费总额］×100% 三公经费：年度预算安排的因公出国（境）费、公务车辆购置及运行费和公务招待费
		重点支出安排率	重点支出安排率 =（重点项目支出/项目总支出）×100% 重点项目支出：部门（单位）年度预算安排的、与本部门履职和发展密切相关的、具有明显社会和经济影响的、党委和政府关心或社会比较关注的项目支出总额； 项目总支出：部门（单位）年度预算安排的项目支出总额
过程 （25%）	业务管理	预决算信息及业务信息公开性	部门（单位）是否按照政府信息公开的有关规定及时公开相关预决算信息及业务信息，用以反映和考核部门（单位）预决算管理和业务管理的公开透明情况
		基础信息与档案完善性	部门（单位）基础信息及相关档案是否完善，用以反映和考核基础信息与档案管理工作对预算管理工作的支撑情况
		政策措施落实与制度执行有效性	是否遵守相关法律法规和资金管理规定；相关的政策措施是否落实；项目合同书、验收报告、技术鉴定等资料是否齐全并及时归档；项目实施的人员条件、场地设备、信息系统等支撑条件是否落实到位
	财务管理	管理制度健全性	部门（单位）是否有相关的财务管理制度及内部控制制度；是否有符合相关财务会计制度的专门的项目资金管理办法；是否有审计等反馈监督机制
		资金使用合规性	资金使用是否符合国家财经法规和财务管理制度以及有关专项资金管理办法的规定；资金的拨付是否有完整的审批程序和手续；拨付金额是否严格依据规定标准计算

一级指标	二级指标	三级指标	指标解释
过程 (25%)	财务管理	预算总支出偏离率	预算总支出偏离率＝（本年度决算支出总数/本年度预算支出总数－1）×100%
		政府采购支出偏离率	政府采购支出偏离率＝（本年度实际政府采购金额/本年度政府采购计划金额－1）×100%
		资产管理规范性	部门（单位）资产管理是否规范，用以反映和考核部门（单位）资产管理情况。新增资产配置按预算执行；资产有偿使用、处置按规定程序审批；资产收益及时、足额上缴财政
		固定资产利用率	固定资产利用率＝（实际在用固定资产总额/所有固定资产总额）×100%
		会计核算规范性	相关的会计核算是否规范，相关资料是否完整
产出与 效益 (60%)	职责履行	实际完成率	部门（单位）履行职责而实际完成工作数与计划工作数的比率，用以反映和考核部门（单位）履职工作任务目标的实现程度
		完成及时率	部门（单位）在规定时限内及时完成的实际工作数与计划工作数的比率，用以反映和考核部门履职时效目标的实现程度
		质量达标率	达到质量标准（绩效标准值）的实际工作数与计划工作数的比率，用以反映和考核部门履职质量目标的实现程度
		重点工作办结率	部门（单位）年度重点工作实际完成数与交办或下达数的比率，用以反映部门（单位）对重点工作的办理落实程度
	履职效益	经济效益	部门（单位）履行职责对经济发展所带来的直接或间接影响
		社会效益	部门（单位）履行职责对社会发展所带来的直接或间接影响
		生态效益	部门（单位）履行职责对生态环境所带来的直接或间接影响
		可持续影响	部门（单位）履行职责完成的工作能持续运用；履职所依赖的政策制度能持续执行
		社会公众或服务对象满意度	社会公众或部门（单位）的服务对象对部门履职效果的满意程度。社会公众或服务对象是指部门（单位）履行职责而影响到的部门、群体或个人。一般采取社会调查的方式

（3）基于平衡计分卡的指标体系设计。1992 年，卡普兰（Kaplan）和诺顿（Norton）将平衡计分卡引入绩效评价，它克服了传统财务业绩评价的局限性，从四个维度审视企业自身业绩：财务维度、顾客维度、内部流程维度、创新与学习维度。具体来说，平衡计分卡平衡了短期与长期业绩、外部与内部业绩、财务与非财务业绩以及从不同利益相关者的维度来衡量企业的业务。我们可以将平衡计分卡引入部门预算绩效评价中，从财务维度、服务对象维度、内部流程维度、创新与学习四个维度对部门预算绩效进行衡量和评价，并据以设置相应的指标体系框架。

①财务维度。部门预算绩效中的财务维度主要关注财政部门及主管部门对部门（单位）的预算资金使用目标及要求，以及部门（单位）自身的财务目标。该维度主要通过考察被评价期间部门使用了多少财政预算资金及财政预算资金的使用情况以及这些资金使用后部门的产出与效益情况，包括部门产出数量的增长情况以及部门履职效益情况，即具体可通过财务管理、资产管理、产出数量及履职效益四个方面进行衡量。其个性指标的设置应依据部门性质、部门职能及部门业务活动的具体开展情况等进行设置。故而，我们可以具体设置在编人员控制率、资金到位率、支出进度率、预算总支出偏离率、政府采购支出偏离率、"三公经费"变动率、固定资产利用率、资产管理安全性、产出增长率等共性指标及履职效益相关个性指标等来衡量部门预算绩效中的财务维度的业绩。

②服务对象维度。部门预算绩效中的服务对象维度主要关注部门办理业务的时间、质量、价格、可选性、政企与政民关系及部门形象等，可以用业务办理及时性、预决算信息及业务信息公开性、政策措施落实与制度执行有效性、服务对象满意度等明细指标进行衡量。

③内部流程维度。内部流程维度包括部门（单位）的一些驱动目标，它们能够使部门（单位）更加专注于服务对象的满意度，并通过提高服务效率和改善服务效果来提升服务对象满意度，从而真正贯彻落实党和政府的惠民、便民政策。我们可以从业务流程、服务流程及流程创新三个维度来衡量和评价部门内部流程的绩效。其中，业务流程可以用时效可控性、质量可控性、成本可控性及柔性管理情况等指标进行衡量；服务流程可以用重点工作办结率、服务对象事后投诉率进行评价；流程创新主要看是否重新梳理办事流程，

并进行流程再造以提质增效情况。

④创新与学习维度。平衡计分卡最大的优点就是它能够把创新与学习列为四个维度中的一个。创新与学习维度对任何部门能成功执行党和国家的方针政策起到举足轻重的作用。部门决策者在设计本部门（单位）的平衡计分卡学习和成长目标时要考虑以下三个问题。一是管理人员和员工要提高哪些关键能力才能改进核心流程、达到服务对象和财务目标从而成功执行部门决策？二是如何通过改善业务流程以及提高员工团队合作的能力、解决问题的能力、工作主动性来提高员工的积极性和建立有效的组织文化，从而成功地执行部门决策？三是如何通过实施平衡计分卡来创造和支持组织的学习文化并加以持续运用？

基于此，可以主要从人力资源、技术改造与设备更新及信息系统与沟通三个方面来衡量创新与学习维度的绩效。其中，人力资源方面可以用领导基本素质、高端人才比例、员工岗位技能培训率、内部团队交流次数增加率等指标进行衡量；技术改造与设备更新影响部门服务的效率和效果，可以用技术装备更新水平进行评价；信息系统与沟通可以用部门内部交流与沟通机制及信息系统是否完备进行衡量。

综上所述，可设计基于平衡计分卡的部门预算绩效评价共性指标体系，见表 10-2。

表 10-2　　　基于平衡计分卡的部门预算绩效评价共性指标体系框架

一级指标	二级指标	三级指标	指标解释
财务维度（40%）	财务管理	在编人员控制率	在编人员控制率 =（年末在编人员数/机构编制部门核定的人员编制数）×100% 在编人员数：部门（单位）实际在编人数，以财政部确定的部门决算编制口径为准； 编制数：机构编制部门核定批复的部门（单位）的人员编制数
		资金到位率	资金到位率 =（实际到位资金/预算资金）×100% 实际到位资金：一定时期（本年度或项目期）内落实到具体项目的资金； 预算资金：一定时期（本年度或项目期）内预算安排到具体项目的资金

一级指标	二级指标	三级指标	指标解释
财务维度（40%）	财务管理	支出进度率	支出进度率 =（实际支出资金/实际到位资金）×100% 实际支出资金：一定时期（本年度或项目期）内项目实际拨付的资金
		预算总支出偏离率	预算总支出偏离率 =（本年度决算支出总数/本年度预算支出总数 − 1）×100%
		政府采购支出偏离率	政府采购支出偏离率 =（本年度实际政府采购金额/本年度政府采购计划金额 − 1）×100%
		"三公经费"变动率	三公经费变动率 = [（本年度三公经费总额 − 上年度三公经费总额）/上年度三公经费总额] ×100% 三公经费：年度预算安排的因公出国（境）费、公务车辆购置及运行费和公务招待费
	资产管理	固定资产利用率	固定资产利用率 =（实际在用固定资产总额/所有固定资产总额）×100%
		资产管理安全性	部门（单位）的资产是否保存完整、使用合规、配置合理、处置规范、收入及时足额上缴，用以反映和考核部门（单位）资产安全运行情况
	产出数量	产出增长率	产出增长率 = [（本年度部门总产出数量 − 上年度部门总产出数量）/上年度部门总产出数量] ×100%
	履职效益	经济效益	部门（单位）履行职责对经济发展所带来的直接或间接影响
		社会效益	部门（单位）履行职责对社会发展所带来的直接或间接影响
		生态效益	部门（单位）履行职责对生态环境所带来的直接或间接影响
		可持续影响	部门（单位）履行职责完成的工作能持续运用；履职所依赖的政策制度能持续执行
服务对象维度（20%）	服务时效	业务办理及时率	完成及时率 =（及时完成实际工作数/计划工作数）×100% 及时完成实际工作数：部门（单位）按照整体绩效目标确定的时限实际完成的工作任务数量
	服务质量与效果	预决算信息及业务信息公开性	部门（单位）是否按照政府信息公开有关规定及时公开相关预决算信息及业务信息，用以反映和考核部门（单位）预决算管理和业务管理的公开透明情况

一级指标	二级指标	三级指标	指标解释
服务对象维度（20%）	服务质量与效果	政策措施落实与制度执行有效性	部门（单位）是否遵守相关法律法规和业务管理规定；相关的政策措施是否落实；相关基础信息资料是否齐全并及时归档；开展的人员条件、场地设备、信息系统等支撑条件是否落实到位
	服务对象满意度	社会公众或服务对象满意度	社会公众或部门（单位）的服务对象对部门履职效果的满意程度。社会公众或服务对象是指部门（单位）履行职责而影响到的部门、群体或个人。一般采取社会调查的方式
内部流程维度（25%）	业务流程	时效可控性	时效可控性是指部门（单位）提供服务有既定的循环期，不能随意改变；同时提供服务应达到较高的准时率。可以用服务提供循环期、服务提供准时率等指标衡量
		质量可控性	质量可控性是指部门（单位）应做好质量控制，保证服务质量达到一定的水准。可以用工作一次完成准确率、产品一次交检合格率、采购到货准确率等指标进行衡量
		成本可控性	成本可控性是指履职成本与部门（单位）领导的决策行为有关，如果决策正确、实施得当，则履职成本可控
		柔性管理情况	部门（单位）是否针对特殊情况实行柔性管理，而非生搬硬套
	服务流程	重点工作办结率	重点工作办结率 ＝（重点工作实际完成数/交办或下达数）×100% 重点工作是指党委、政府、人大、相关部门交办或下达的工作任务
		服务对象事后投诉率	服务对象事后投诉率 ＝（服务提供后投诉人数/提供服务总人数）×100%
	流程创新	流程再造增效情况	部门（单位）是否重新梳理、再造办事流程，减少请示、审批等中间环节，从而提升效率
学习与成长纬度（15%）	人力资源	领导基本素质	领导基本素质主要包括文化、道德、品格等方面的素质
		高端人才比例	高端人才比例 ＝（高端人才数/部门（单位）实际在编人数）×100%
		员工岗位技能培训率	员工岗位技能培训率 ＝（本年度参加培训人数/部门（单位）实际在编人数）×100%

续表

一级指标	二级指标	三级指标	指标解释
学习与成长纬度（15%）	人力资源	内部团队交流次数增加率	内部团队交流次数增加率＝［（本年度内部团队交流次数－上年度内部团队交流次数）/上年度内部团队交流次数］×100%
	技术改造与设备更新	技术装备更新水平	技术装备更新水平＝（本年度采用新技术或购置新设置金额/部门（单位）技术、设备总金额）×100%
	信息支撑	部门内部信息交流与沟通机制及系统是否完备	部门（单位）是否建立了完善的信息沟通与交流机制，相关的系统是否完备，并运行良好

（4）基于关键绩效指标法的指标体系设计。[①] 美国学者戴维·帕门特（David Parmenter）在融合目标管理、平衡计分卡等绩效管理思想和工具的基础上，提出了关键绩效指标法。关键绩效指标是明确部门职责、衡量某一岗位人员工作绩效表现的具体量化指标，是对工作完成效果的最直接衡量方式。关键绩效指标来源于对组织总体战略目标的分解，反映最能有效影响组织价值创造的关键驱动因素。设立关键绩效指标的价值在于部门领导将精力集中在对绩效有最大驱动力的业务上，及时诊断履职活动中的问题，并及时采取能够提高绩效水平的改进措施。

关键绩效指标法将组织的整体层面、团队层面和个人层面看作一个目标层级体系，针对不同层次的工作任务提炼不同层级的关键绩效指标，形成战略和部门任务矩阵，从而为各业务部门绩效指标和单位整体关键绩效指标的开发提供框架，为科学合理地设计部门（单位）整体层面的关键绩效指标提供方法支撑。下面以 J 学院整体绩效为例来说明基于关键绩效指标法的指标体系设计。

J 学院有学生培养、师资建设、教学科研、业务保障、培训服务及对外宣传六大战略目标，有学生处、教务处、人事处、科研处、资产与后勤部、培训部及宣传部七个教学科研及服务管理类部门。根据 J 学院整体战略目标及各部门工作任务，可以分别对各部门设置关键绩效考核指标，例如，学生

---

① 曹堂哲，钟秋，李敏. 以关键绩效指标为突破口建构单位整体绩效管理体系——基于 Z 集团 S 学院的探讨［J］. 财政监督，2019（8）.

处的关键绩效考核指标有招生人数、组织参加技能大赛及挑战杯大赛次数等；教务处的关键绩效考核指标有线上线下混合教学班级数、教师教学竞赛组织人次、教学资源库建设个数等；人事处的关键绩效考核指标有职称评聘人数、双师型教师认定人数等；科研处的关键绩效考核指标有省部级以上科研项目立项数量、权威刊物论文发表篇数、到账科研经费金额等；资产与后勤部的关键绩效考核指标有完成设施修缮数量、教学科研设备更新数量、完成政府采购数量等；培训部的关键绩效考核指标有制作网络课程门数、完成网上考试次数、举办各级各类培训班次数等；宣传部的关键绩效考核指标有微信公众号推送期数、微博官方账号推广文章浏览量等。J 学院基于关键绩效指标法的绩效评价指标体系设计见表 10 – 3。

表 10 – 3　　　　J 学院基于关键绩效指标法的绩效评价指标体系设计

目标部门	战略					
	学生培养	师资建设	教学科研	业务保障	培训服务	对外宣传
学生处	招生人数、组织参加技能大赛及挑战杯大赛次数					
人事处		职称评聘人数、双师型教师认定人数				
教务处			线上线下混合教学班级数、教师教学竞赛组织人次、教学资源库建设个数			
科研处			省部级以上科研项目立项数量、权威刊物论文发表篇数、到账科研经费金额			

目标部门	战略					
	学生培养	师资建设	教学科研	业务保障	培训服务	对外宣传
资产与后勤部				完成设施修缮数量、教学科研设备更新数量、完成政府采购数量		
培训部					制作网络课程门数、完成网上考试次数、举办各级各类培训班次数	
宣传部						微信公众号推送期数、微博官方账号推广文章浏览量

3. 权重设计思路。部门预算绩效评价各指标权重设计主要采用经验分配法，根据以往部门（单位）整体支出绩效评价指标体系权重设计的工作经验对评价指标所代表的价值进行判断，结合财政部发布的《预算绩效评价共性指标体系框架》，并参考财政部发布的《项目支出绩效评价管理办法》等文件精神，基于"3E"理论的部门预算绩效评价指标体系重点考核部门产出和效益。基于平衡计分卡的部门预算绩效评价指标体系，我们可确定投入类指标权重占比15%、过程类指标权重占比25%、产出与效益类指标权重占比60%，可将财务维度赋予40%的权重、服务对象维度赋予20%的权重、内部流程维度赋予25%的权重、学习与成长维度赋予15%的权重；同时，根据二、三级指标与绩效目标的匹配性及其在指标体系中的重要性以及其对一级指标的影响程度来合理确定各明细指标的权重比例结构。而基于关键绩效指标法的绩效评价指标体系中各指标的权重则可采用层次分析法和专家打分法来赋予各关键绩效评价指标权重。

4. 评价等级标准。部门预算绩效评价结果采用百分制与等级制相结合的方法，根据具体评价得分确定评价等级，评价等级划分标准详见表 10 - 4。

表 10 - 4　　　　　　　部门预算绩效评价结果等级标准

评价得分（S）	评价等级
90≤S≤100	优秀
75≤S<90	良好
60≤S<75	合格
S<60	不合格

三、部门预算绩效评价流程

部门预算绩效评价流程包括前期准备阶段、评价实施阶段、报告阶段、评价结果应用四个阶段。

1. 前期准备阶段。部门预算绩效评价前期准备阶段主要包括制订工作方案、列出材料需求清单并收集资料与数据以及设计绩效评价指标体系等工作。

工作方案制订主要包括厘清绩效评价目的与内容、明确绩效评价工作整体时间表、规划实地核查路线、确定工作小组人员构成等；列出的材料需求清单包括但不限于部门（单位）基本情况、部门预决算报告与审计报告、部门内部控制制度、部门整体支出及项目支出的绩效目标表、绩效自评表和自评报告、部门（单位）近五年负责实施的项目清单及产出和成果汇总表、三公经费与固定资产使用情况表以及近五年的工作计划和总结等相关材料，要求被评价部门（单位）提供。同时，根据相关规定及部门特点与部门预算绩效目标设计绩效评价指标体系。拟定的指标体系应反复与财政局、部门主管机关及被评价部门沟通才能确定下来，并按此实施评价，以免不适用。

2. 评价实施阶段。根据拟订的绩效评价指标体系，工作组应安排人员进行实地调研，实地调研主要采取档案核查和现场调查取证相结合的方式进行。档案核查主要通过对每个项目的原始档案材料以及被评价单位提供的数据和材料的查看来取证，现场调查取证主要通过对指标体系所需支撑的材料进行现场确认来核实，并对部门（单位）的相关负责人进行随机调查和访谈，同时对部门服务对象进行满意度问卷调查。工作人员实地调研取得证据后对证据进行整理、分析，结合指标体系对部门预算绩效进行评价与分析，得出评价等级，形成评价结论，并总结经验教训，提出有针对性和可操作性的建议。

3. 报告撰写阶段。工作人员按照事先拟定的部门预算绩效评价报告大纲编写报告正文、摘要、附件，形成绩效评价报告初稿，分别提交给财政部门、部门主管部门及被评价部门（单位）等利益相关方，与其就绩效评价报告初稿进行全面而深入的沟通，根据其意见和建议进行修改并形成绩效评价报告终稿。

4. 评价结果运用阶段。① 评价结果应用，则是将绩效评价的结果反馈给各个利益相关方，以便他们能够充分、有效地利用绩效评价结果。

部门（单位）自评结果主要通过部门整体支出绩效自评表的形式反映，并按照要求随同部门决算向本级财政部门报送绩效自评结果。部门（单位）应切实加强自评结果的整理、分析，将自评结果作为本部门、本单位完善政策和改进管理的重要依据；对预算执行率偏低、自评结果较差的项目，要单独说明原因，提出整改措施。

财政部门和预算部门应在绩效评价工作完成后，及时将评价结果反馈被评价部门（单位），并明确整改时限；被评价部门（单位）应当按要求向财政部门或主管部门报送整改落实情况。

各部门应按要求将部门评价结果报送本级财政部门，评价结果作为本部门安排预算、完善政策和改进管理的重要依据；财政评价结果作为安排政府预算、完善政策和改进管理的重要依据。原则上，各部门对评价等级为优、良的，根据情况予以支持；对评价等级为中、差的，要完善政策、改进管理，根据情况核减预算。对不进行整改或整改不到位的，各部门应根据情况相应调减预算或整改到位后再予安排。

各级财政部门、预算部门应当按照要求将绩效评价结果分别编入政府决算和本部门决算，报送本级人民代表大会常务委员会，并依法予以公开；对使用财政资金严重低效、无效并造成重大损失的责任人，要按照相关规定追责问责；对绩效评价过程中发现的资金使用单位和个人的财政违法行为，依照《中华人民共和国预算法》《财政违法行为处罚处分条例》等有关规定追究责任；发现违纪违法问题线索的，应当及时移送纪检监察机关。

---

① 财政部发布的《项目支出绩效评价管理办法》。

部门预算绩效评价流程如图 10 - 2 所示。

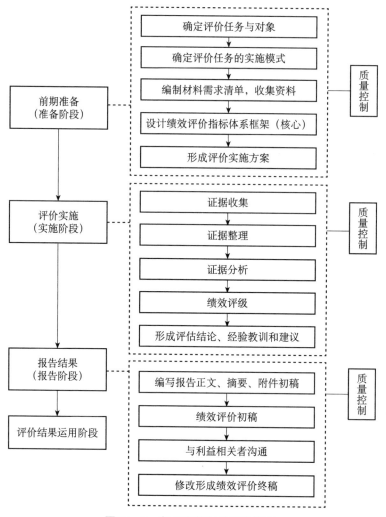

图 10 - 2　部门预算绩效评价流程

四、部门预算绩效评价报告范式

依据《预算绩效管理工作规划（2012 - 2015 年）》《县级财政支出管理绩效综合评价方案》《部门支出管理绩效综合评价方案》《项目支出绩效评价管理办法》等文件精神与当地财政部门的要求以及根据经验，以基于"3E"

理论的部门预算绩效评价指标体系为例的部门预算绩效评价报告范式如下。

部门预算整体支出绩效评价报告
（参考提纲）

一、部门概况

（一）机构职能及组成。

（二）人员结构。

（三）部门收支描述，包括当年预算收入、预算支出和专项资金管理情况等。

（四）部门目标实现情况，如产值增长或减少情况、附加值增长或减少情况、社会满意度认可情况等。

二、绩效评价工作开展情况

（一）绩效评价目的、对象和范围。

（二）绩效评价原则、评价指标体系（附表说明）、评价方法、评价标准等。

（三）绩效评价工作过程。

三、部门整体支出绩效评价分析

（一）投入情况分析，包括制度保障、目标设置、预算编制与配置等情况。

（二）过程情况分析，包括预算执行、预算管理、资产管理等情况。

（三）产出与效益分析，包括职责履行和项目效益等情况。

四、存在的问题

五、整改措施或建议

六、其他需要说明的问题

附件

主要参考文献

［1］白景明，等．中国财政绩效报告理论与实践（2018）［M］．北京：中国财政经济出版社，2018．

［2］财政部．关于推进预算绩效管理的指导意见［Z］．财预〔2011〕416号．

［3］财政部会计准则委员会编．政府绩效审计与政府会计［M］．大连：大连出版社，2005．

［4］曹堂哲．部门整体绩效管理的协同机理与实施路径——基于预算绩效的审视［J］．中央财经大学学报，2019（6）：3－10．

［5］曹堂哲．完善部门预算绩效管理制度体系［N］．北京：中国财经报，2019－12－21（7）．

［6］常丽．绩效预算改革和政府成本会计的构建［J］．财政研究，2009（1）．

［7］陈世忠，彭俊英．管理会计在事业单位中的应用——基于政府会计改革的背景［J］，会计之友，2019（12）：52－54．

［8］陈雄智，吴伟琴．我国财务审计与绩效审计的比较与结合［J］．财会月刊，2006（12）．

［9］陈志勇，等．部门预算绩效评价结果应用：现状与展望［J］．财政监督，2019，（24）．

［10］邓九生．政府"产品"的界定与计量问题研究［J］．中南财经政法大学学报，2013．

［11］董华超．部门预算绩效目标体系研究［J］．新理财（政府理财），2018（7）．

［12］杜婷婷．财政支出绩效第三方评价研究——以广东为例［J］．财

经界（学术版），2013（14）.

［13］范君，李定清. 略论我国政府管理会计改革［J］，财政监督，2017（15）：100－103.

［14］方振邦，罗海元. 中国公共组织平衡计分卡应用设计研究［J］. 北京行政学院学报，2008（2）：32－36.

［15］福建省财政厅. 规范中介机构参与福建省财政支出绩效评价工作管理暂行办法［Z］. 闽财评〔2010〕4号.

［16］顾群. 我国中央部门预算编制改革研究［D］. 北京：中央民族大学，2005.

［17］广东省财政厅. 引入第三方独立评价财政支出绩效［J］. 中国财政，2012（6）：52－53.

［18］国务院. 中华人民共和国预算法实施条例［Z］. 2020，国令第729号.

［19］国务院. 中华人民共和国政府信息公开条例［Z］. 2019，国令第711号.

［20］胡志勇. 论中国政府会计改革［M］. 北京：经济科学出版社，2010.

［21］胡志勇. 中国政府成本会计体系构建与实施研究［M］. 北京：经济科学出版社，2018.

［22］湖北省财政厅《降低地方政府运行成本》课题组. 湖北省地方政府运行成本实证分析与研究［J］. 财政研究，2003（5）.

［23］扈剑晖. 部门预算绩效监测与评价指标体系建设的问题及对策研究［J］. 财政监督，2019（1）.

［24］黄溶冰，陈耿. 节能减排项目的绩效审计［J］. 会计研究，2013（2）：86－95.

［25］贾康，苏明. 部门预算编制问题研究［M］. 北京：经济科学出版社，2004.

［26］江书军，陈茜林. 部门整体支出全过程预算绩效管理链条构建研究［J］. 财政监督，2020（1）.

［27］黎云霞. 部门预算中项目预算的管理问题探讨［J］. 管理观察，

2018（21）．

［28］李纪文．对政府会计改革两个问题的看法［J］．预算管理会计，2005．

［29］李建发．论改进我国政府会计与财务报告［J］．会计研究，2001（6）．

［30］李杰刚．政府绩效预算管理的核心要义——基于传统预算的比较视角［J］．经济参考研究，2012（39）：69－71．

［31］李文彬，黄怡茵．基于逻辑模型的财政专项资金绩效评价的理论审视——以广东省人大委托第三方评价为例［J］．公共管理学报，2016（3）．

［32］李文思．部门绩效管理体系建设内容研究［J］．财政监督，2019（19）：55－58．

［33］梁新潮，施锦明．地方财政绩效管理理论与实践［M］．北京：经济科学出版社，2017．

［34］刘炳南，章苗红．浅谈部门预算支出绩效考评体系［J］．水利发展研究，2008（3）：46－49．

［35］刘国永．预算绩效管理实践指导［M］．镇江：江苏大学出版社，2014．

［36］刘敏，等．财政支出预算绩效管理主体职能浅析［J］．财政监督，2015（4）．

［37］刘尚希，史兴旺．论部门预算的理论基础［J］．铜陵学院学报，2004（4）：4－9．

［38］刘宇．预算绩效评价与预算支出管理改革衔接问题探析［J］．地方财政研究，2009（4）：54－56．

［39］刘玉廷．我国政府会计改革的若干问题［J］．会计研究，2004．

［40］刘国旺，曾文娟．广东：绩效评价，让第三方做［N/OL］．中国财经报，http://www.prcfe.com/web/meyw/2012－01/17/content_832329.htm，2012－01－17．

［41］卢扬帆，等．财政支出绩效第三方评价：现状、矛盾及方向［J］．华南理工大学学报，2015（1）．

［42］鹿云飞，王郑萍．论绩效审计与内部审计咨询职能的履行——基

于绩效审计与财务审计的比较研究［J］. 中国内部审计, 2015（3）.

［43］罗程. 公共卫生单位部门预算管理中存在的问题及对策［J］. 经济师, 2018（4）.

［44］罗红霞. 政府绩效管理的价值追求如何实现——以美国纽约市为例［J］, 领导科学, 2014：50－51.

［45］马蔡琛, 陈蕾宇. 我国预算绩效指标体系的发展演进与实践探索［J］, 理论与现代化, 2019（2）：84－92.

［46］马海涛, 曹堂哲, 王红梅. 预算绩效管理理论与实践［M］. 北京：中国财政经济出版社, 2020.

［47］马洪范. 建立全过程预算绩效管理体系［M］. 北京：经济科学出版社, 2018.

［48］茆英娥. 关于我国建立预算绩效评价体系的理论探讨［J］. 财政研究, 2005（10）：20－22.

［49］聂常虹. 美国政府绩效考评制度及启示［J］. 财政研究, 2012（9）：69－71.

［50］牛美丽. 新西兰的预算改革［J］. 武汉大学学报, 2006（6）：13－17.

［51］欧阳昭. A市畜牧水产部门预算项目支出绩效评价体系研究［D］. 长沙：湖南大学, 2014.

［52］彭振淑. 关于当前部门预算管理的思考［J］. 现代经济信息, 2017（13）.

［53］全国人大常委会. 中华人民共和国预算法［Z］. 2014年修订.

［54］沙安文. 绩效预算——一个新的时代的到来？［M］. 大理：地方财政建设国际研讨班会议材料, 2008：271.

［55］山东省财政厅预算绩效管理处. 山东省预算绩效指标体系建设的探索与实践［J］. 财政科学, 2018（1）：48－51.

［56］尚虎平, 雷于萱. 政府绩效评估：他国启示与引申［J］. 改革, 2015（11）.

［57］尚虎平, 王春婷. 政府绩效评估中"第三方评估"的适用范围与限度——以先行国家为标杆的探索［J］. 理论探讨, 2016（3）.

［58］邵保东．我国地方政府绩效第三方评估公信力研究［D］．西安：西安建筑科技大学，2016.

［59］施珺．英美公共支出绩效评价制度的借鉴与启示［J］．财政监督，2007（7）：61－62.

［60］施青军，等．政府绩效评价：一种新的再认识［J］．中国行政管理，2016（4）．

［61］施青军．政府绩效评价概念、方法与结果应用［M］．北京：北京大学出版社，2016.

［62］孙克竞．我国部门预算绩效管理改革评价与深化思路［J］．重庆工商大学学报，2008（6）：75－79.

［63］孙克竞．政府部门预算支出绩效管理研究［M］．大连：东北财经大学出版社，2012.

［64］孙欣．财政支出绩效评价结果应用于问责的困境与出路［J］．财政监督，2018（13）．

［65］天津市财政局国库处．建立政府会计财务报告体系的探讨［J］．预算管理与会计，2008.4.

［66］童伟，郄晓雨．厘清绩效职责 落实责任机制［EB/OL］．http://czj. yancheng. gov. cn/art/2019/4/20/art_ 323_ 3046895. html，2019－04－20.

［67］王海涛．我国预算绩效管理改革研究［D］．北京：财政科学研究所，2014.

［68］王华，李扬子．管理会计在财政治理中的应用现状与思考［J］．财政研究，2015（10）．

［69］王晶．中央部门预算绩效管理的问题与建议——基于中央部门2018年决算报告中预算绩效相关内容的分析［J］．预算管理与会计，2020（3）．

［70］王丽萍，郭岚，张勇．高效构建新型绩效预算管理体系之探讨［J］．财会月刊（综合），2008（5）：23－25.

［71］王凌智．省级部门预算公开存在的问题及对策——基于26个省级部门的研究［J］．预算管理与会计，2017（7）．

［72］王夏云．新时期背景下部门预算管理问题分析与对策——以山西省 Z 市公路系统为例［J］．财政监督，2019（1）．

［73］王瑶．政府导入成本会计初探［J］．财会月刊（会计），2006.

［74］王雍君．政府会计体系三分法与预算会计的优先完善［J］，会计之友，2017（4）．

［75］王泽彩．进一步强化预算绩效管理的几点思考［J］．中国财政，2014（10）：48 - 49.

［76］魏红征．政府绩效评价与绩效审计异同性探析［J］．财会通讯，2019（10）．

［77］吴建南，等．地方政府绩效评估中的利益相关者与绩效数据——基于德尔菲法的研究［J］．华东经济管理，2011（4）．

［78］吴建南，岳妮．利益相关性是否影响评价结果客观性：基于模拟实验的绩效评价主体选择研究［J］．管理评论，2007（3）．

［79］吴勋，张晓岚．面向绩效预算的基层单位预算绩效评价指标体系规划［J］．经济问题，2008（9）：101 - 104.

［80］吴永立．绩效预算管理的国际比较及对我国的启示与借鉴［J］．会计之友，2012（11）：11 - 14.

［81］徐采兰．浅析区县级部门预算管理［J］．财会学习，2017（13）．

［82］颜海娜．评价主体对财政支出绩效评价的影响——以广东省省级财政专项资金为例［J］．中国行政管理，2017（2）．

［83］杨莉．政府绩效评价指标体系研究综述［J］．佳木斯职业学院学报，2016（2）：462 - 465.

［84］杨文俊，孙玉栋，武立煌．我国地方部门预算绩效管理问题探讨［J］．财政监督，2017（24）．

［85］杨玉霞．中国政府预算改革及其绩效评价［M］．北京：北京师范大学出版社，2011.

［86］杨志安，邱国庆．我国政府部门预算现状考察、国际比较以及改革路径［J］．财政监督，2017（18）．

［87］姚宝燕．权责发生制政府会计改革问题研究［M］．厦门：厦门大学出版社，2010：170 - 173.

［88］殷文玺．权责发生制政府综合财务报告利用机制研究［J］．预算管理与会计，2017（7）．

［89］余梦．我国第三方政府绩效评估的独立性研究［D］．成都：西南财经大学，2009．

［90］张曾莲．政府管理会计的构建与应用研究［M］．厦门：厦门大学出版社，2011（12）：167－206．

［91］张宏瑞．当前基层财政和部门预算管理若干问题研究［J］．预算管理与会计，2020（1）．

［92］张建宇．对部门预算编制科学化 精细化的思考［J］．中外企业家，2019（28）．

［93］张帅帅．高效预算绩效管理评价指标体系研究［J］．商业会计，2019（12）：92－94．

［94］张晓岚，吴勋．预算功能取向与部门预算绩效评价理论导向［J］．当代经济科学，2007（5）：87－93．

［95］张馨，袁星候，王玮．部门预算改革研究［M］．北京：经济科学出版社，2001．

［96］张悦．行政事业单位部门预算管理的问题和建议［J］．预算管理与会计，2020（8）．

［97］张正凯．高速公路部门预算绩效评价研究［D］．武汉：武汉科技大学，2015．

［98］张志超，丁宏．美国社会保障管理局绩效评估方法与启示［J］．财经问题研究，2007（7）：77－81．

［99］赵卜西，张强，王建英、王彦．建立我国政府成本会计的几点思考［J］．会计与经济研究，2016．

［100］郑方辉，毕紫薇．第三方绩效评价与服务型政府建设［J］．华南理工大学报（社会科学版），2009（4）．

［101］郑方辉，陈佃慧．论第三方评价政府绩效的独立性［J］，广东行政学院学报，2010（2）：32－36．

［102］郑方辉，等．财政绩效评价：理念、体系与实践［J］．中国社会科学，2017（4）．

［103］郑方辉，廖鹏洲．政府绩效管理：目标、定位与顶层设计［J］．中国行政管理，2013（5）

［104］中共中央 国务院．关于全面实施绩效管理的意见［Z］．中发
〔2018〕34 号．

［105］中国财政学会绩效管理研究专业委员会课题组．中国财政绩效报
告（2019）——地方经验［M］．北京：经济科学出版社，2019．

［106］朱春奎．政府预算绩效：美国经验与中国方略［M］．北京：中
国财政经济出版社，2008．

［107］朱大旗，何遐祥．议会至上与行政主导：预算权力配置的理想与
现实［J］．中国人民大学学报，2009（4）．

［108］卓越，陈捷．以深化公共财政体制改革来控制政府管理成本
［J］．云南行政学院学报，2004（5）．

［109］卓越．公共部门绩效评估的主体建构［J］．中国行政管理，2004
（5）．

［110］Fitzgerald L. Performance Measurement in Service Businesses［M］．
The Chartered Institute of Management Accountants，Unwin，Surrey，1991．

［111］Fred Thompson. Mission，Driven，Results，Oriented Budgeting：Fis-
cal Administration and the New Public Management［J］．Public Budgeting & Fi-
nance，1994．

［112］Hatry H. Public Administration Review［J］．Mini-Symposium on In-
tergovernmental Comparative Performance Data，1999（11）：23 –46．

［113］Irene Rubin. The Future of Budgeting Theory［J］．Public Manage-
ment Research，2006：3 –14．

［114］Janet Kelly，Wiiliam Rivenbark. Performance Budgeting for State and
Local Government［M］．2003．

［115］Jonathan Breul et al.. The Operator's Manual for the New Administra-
tion［M］．2008．

［116］Michael S. Performance of budget and administrations［M］．Washing-
ton：The World Bank（Slide Presentation），2003：42．

［117］Niskanen W A J. Bureaucracy and Representative Government［M］．
Chicago：Aldine. Atherton，1971．